काल चक्र

जागतिक मैत्री की ओर बढ़ते कदम

चंदन सुकुमार सेनगुप्ता

ISBN 978-93-5559-202-6
© Chandan Sukumar Sengupta 2021
Published in India 2021 by Pencil

A brand of
One Point Six Technologies Pvt. Ltd.
123, Building J2, Shram Seva Premises,
Wadala Truck Terminal, Wadala (E)
Mumbai 400037, Maharashtra, INDIA
E connect@thepencilapp.com
W www.thepencilapp.com

Author biography

व्यक्ति परिचय

नाम   : चंदन सुकुमार सेनगुप्ता

पिता   : स्व. सुकुमार मन्मथनाथ
सेनगुप्ता

पूरा पता   : अरविंद नगर, बांकुड़ा -
७२२१०१ (प. बंगाल)

फ़ोन   : ९४७४८६४६१३

ई-मेल   - [senjics@gmail.com]

शैक्षणिक पात्रता   : प्राणी विज्ञान, कंप्यूटर
विज्ञान और तुलनात्मक धर्म दर्शन में उच्च आदयायन |

शैक्षिक प्रौद्योगिकी में शोधात्मक अध्ययन

भाषा ज्ञान   : बांग्ला, हिन्दी, मराठी व
अँग्रेज़ी (बोलना और लिखना)

प्रकाशन   : सौ से अधिक प्रकाशित किताबें |

प्रमुख शोधात्मक प्रकाशन: १. भारतीय वातावरण में मुल्यबोध आधारित शिक्षा

(एन. सी. ई. आर. टी.)

२. वनांचल में सहभागी (एन. सी. ई. आर. टी.)

३. चैतन्य्मय अध्यापन (एन. सी. ई. आर. टी.)

४. गीता ज्ञान प्रवेशिका (अँग्रेज़ी, बांग्ला और हिन्दी में)

५. भगवदगीता : निबंध संकलन

CONTENTS

ज्ञान की पृष्ठभूमि

गीता से हम श्री मदभागवत गीता का विषय ही समझते हैं | वह तो अपने आप में ही एक पूर्ण ग्रंथ है | उस ग्रंथ के ज़रिए किसी भी व्यक्ति जीवन को सजाया और सँवारा जा सकता है | उस ग्रंथ के अतिरिक्त और भी कई संकलन में गीता हमारे जातीय संस्कृति में समय समय पर पनपता रहा और विकसित होता रहा | उन संकलनों को हम भुला ही चुके हैं | किसी शास्त्रीय व्याख्यान में शायद ही उन संकलनों पर चर्चा होते हों |

एक बार रमेश्वरम में अर्जुन की मुलाकात श्री हनुमान जी से होती है | दोनों में लंका युद्ध को लेकर चर्चा होने लगी | अर्जुन ने यह मंतव्य किया कि "श्री राम के स्थान पर अगर मैं होता तो तीरों का पुल बनाकर अपनी सेना पार ले जाता | "

हनुमान जी बोले तीरों का पुल वानरों का भार शायद सहन नहीं कर पाता, और रामजी यह भी चाहते थे कि सबको हरिसेवा का मौका भी मिले |

अर्जुन को यह तर्क मंजूर नहीं था, ऐसा सुनकर श्री बजरंग बलि उनकी चुनौती स्वीकार करते हुए कहने लगे कि अर्जुन के बने पुल से अगर वो सफलता पूर्वक पार हो जाते हैं तो हार स्वीकार कर लेंगे और अर्जुन के कहे अनुसार काम करेंगे | क्षात्र धर्म निभाते हुए अर्जुन ने भी कहा कि पराजित होने की स्थिति में वो खुद आत्मदाह कर लेगा | शर्तों के मुताबिक अर्जुन का पुल बना और पार जाने के रुद्र अवतार ने अपना विकट रूप ले लिया |

जैसे ही श्री हनुमान उस पुल पर एक कदम बढ़ाए वैसे ही पुल टूट गया और अर्जुन का घमंड पूरी तरह से चकना चूर हो गया | क्षात्र धर्म निभाते हुए उसने आत्मदाह की तैयारी भी कर ली |

द्वारकाधीश को पता चला और उन्होंने अर्जुन को आत्मदाह करने से यह कहकर रोका कि उन दोनों की स्पर्धा में कोई तीसरा साक्ष् नहीं था इसलिए अर्जुन दूसरी बार पुल बनाएँगे और श्री हनुमान जी उस पुल के उपर से दोबारा पार होने का प्रयास करेंगे , ऐसा कहकर द्वारकाधीश अर्जुन के पुल के मध्यभाग में सहारा देने के निमित्त से सागर की गहराई में

कछुआ का रूप लेकर हाजिर हो गये | इसबार तो हनुमान जी एक ही पैर उस पुल पर डाले थे कि पानी का रंग लाल होने लगा |

वापस आकर द्वारकाधीश की तलाश होने लगी और उन्हें पुल के बीचों बीच घायल स्थिति में पाया गया | पुल टूटने पर भी श्री हनुमान मन ही मन अपने कृत्य के कारण दुखी हो गये | वो अपने मर्यादा पुरुषोत्तम को भली भाँति पहचान चुले थे | अपने प्रभु पहचान लेने की स्थिति में उन्होंने श्री कृष्ण से क्षमा माँगना ही मुनासिब समझा और अर्जुन को जिताया | अब श्री कृष्ण के निवेदन से ही कुरुक्षेत्र के युद्ध में पांडवों के पक्ष में उपस्थीन रहने के अनुरोध पर बोले ,उन्हें अब युद्ध नहीं करना है और युद्ध भूमि में सत्संग के बिना उनका मन भी नहीं लगेगा | श्री राम तो उद्ध भूमि में भी सत्संग किया करते थे , वैसा ही सत्संग श्री कृष्ण से भी अपेक्षित रहेगा | श्री कृष्ण के द्वारा आश्वस्त होने पर श्री हनुमान अर्जुन के रथ की ध्वजा के साथ विराजमान हो गये | यही कारण है कि अर्जुन के रथ के साथ कपीध्वज का नाम जुड़ गया |

युद्ध भूमि में जो गीतोपदेश श्री कृष्ण अपने मित्र अर्जुन को सुना रहे थे उसमें अर्जुन तो एक बहाना था , गीता असल में उन्हें श्री हनुमान जी को सुनाना था |

युद्ध समाप्ति के बाद जब रथ छोड़कर उतरने की बात आई तो देवकी नंदन ने अपने मित्र अर्जुन को पहले रथ से उतार जाने के लिए कहा और उसके बाद वो जैसे ही रथ से उतरे उसके बाद पूरा रथ जलकर भाष्म हो गया | अर्जुन रुद्र तेज का प्रकोप देखते ही रह गये | इतना ही नहीं कर्ण के अमोघ वा ण से भी अर्जुन के रथ को श्री हनुमान जी ने बचाया था | अमोघ वा ण से अर्जुन के रथ को बचाने के निमित्त से उन्होंने रथ को लेकर पाताल में जाना मुनासिब समझा और अमोघ वा ण गुजर जाने के बाद फिर धरातल पर आ गये | पूरे युद्ध भूमि में हर पल हर क्षण श्री हनुमान जी अर्जुन के दंभ को प्रशमित करते रहे और उनके हुनर के साथ साथ मनोदशा को भी संतुलित रखा |

अगर चर्चा हुए भी होंगे तो उसमें मदभागवत गीता के आस पास ही सभी विषयों का घूमना एक स्वाभाविक घटना ही मान लेना होगा | हमें समय के साथ साथ बदलते परिप्रेक्ष्य में अपने शास्त्रीय संवाद में भी मौजूदा परिस्थिति में सन्दर्भीत होने वेल तत्व को भी समाविष्ट करना होगा | कथा गीता इसी क्रम में किया जाने वाला एक सफल प्रयास है ऐसा हम मान सकते हैं |

आधुनिक विश्व के व्यक्ति मानस में कुछ ऐसे बदलाव हो रहे हैं जिसके कारण मानव से मानव के संबंध स्थापित होने और स्थापित संबंधों को निभाने के क्रम में जल्दबाज़ी के साथ साथ

स्वार्थ सिद्धि का विज्ञान भी सन्दर्भीत हो रहा है | जितनी तेज़ी से संबंधों को स्थापित होते देखा जा रहा है उतने ही तेज़ी से उसमें बिगाड़ भी आ जाता है और कुछ दिनों के बाद संबंधों का टूटना और बिखरना एक भवितव्य सा प्रतीत होने लगता है | संपर्क स्थापन प्रणाली अगर धर्म आधारित हो और अगर उसमें संतों का योगदान सुनिश्चित हो सके तो शायद उसके बिखरने की नौबत न आए | पर अक्सर ऐसा हो भी नहीं पता है |

व्यक्ति जीवन के पूर्णता प्राप्ति का सीधा संबंध उसके मानस का ज्ञान से पुष्ट होने से है | ज्ञान का अर्थ सिर्फ़ विद्यालय स्तर की पढ़ाई लिखाई से न होकर समाज के पाठशाला से धर्मार्थ आचरण और नियमन की शिक्षा से है |

हमारे पास जो भी शरीर तंत्र और संवेदना तंत्र है उसके बल पर हम किसी बाहरी उद्दीपनाओं को अनुभव कर सकते हैं, पर हमारे अन्तर मान में पनपने वाले उद्दीपनाओं को अनुभव नहीं कर पाएँगे | यही कारण है कि हम समग्र चेतना से हमारे आत्मिक धरातल पर परमात्मा का सहावस्थान अनुभव ही नहीं कर पाते हैं | उसे अनुभव कर पाने के लिए सरलता,

सादगी और निष्ठा के साथ साथ विश्वास का होना भी ज़रूरी है |

आज हम जब बात कर रहे हैं तब शायद किसी यहूदी , ईसाई या फिर हज़रत के सिर पर से किसी प्रियजन का साया चीन गया होगा, ऐसा भी हो सकता है कि गाजा पट्टी में रहनेवाले किसी मासूम परिवार का सबकुछ तबाह हो गया होगा |

हमास और इजरायल के बीच होनेवाले संघर्ष का इतिहास काफ़ी पुराना है; इसमें यहूदियों और ईसाइयों के धार्मिक विश्वास और आस्था भी जुड़े हुए हैं | ऐसी मान्यता है कि जिस ज़मीन पर अल अक़्सा मस्जिद है उसे इस्लाम धर्म में मक्का और मदीना के बाद तीसरे पवित्र स्थान के रूप में माना जाता है | वहीं यहूदी धर्म मत पर विश्वास रखनेवाले लोग यहाँ अपने मंदिर के होने का दावा करते हैं |

ऐतिहासिक तथ्यों के अनुसार यहूदियों ने ९५७ ईसा पूर्व में यरुजलम में अपना पहला मंदिर बनवाया ; उस समय ईसाई और इस्लाम का कोई अस्तित्व ही नहीं था | ३५२ ईसा पूर्व में दूसरी मंदिर बनाया गया | ५६१ ईस्वी में ईसाइयों ने जेरुजलम में ही अपना मस्जिद बनवाया | ६९१ ईस्वी में मुस्लिमों ने यहूदियों के पहले मंदिर पर ही एक गुंबद का निर्माण करवाया जिसे डोम ऑफ थ रॉक्स के नाम से जाना जाता है |

७०२ ईस्वी में मुस्लिमों ने यहूदियों के दूसरे मंदिर को ध्वस्त करके उसी जगह पर अल अक़्सा मस्जिद का निर्माण करवाया | मंदिर के पश्चिम की दीवार बच गई, उसी दीवार को तब से लगातार आज तक यहूदी लोग पूजते हैं| उसी दीवार और उस स्थान से उनके श्रद्धा, विश्वास और आस्था का जुड़ाव का सन्दर्भ मिलता है | इस्लाम के कई पैग्बर (दाऊद), सुलेमान (सोलोमन), और ईसा (ईसा) के शहर के रूप में यह स्थल इस्लाम मान्यता में पवित्र माना जाता है, वहीं दूसरी ओर ईसाई संप्रदाय के लोग और यहूदी लोग इस भूमि को पवित्र मानते हैं |

सन २००७ में एक ऐसे स्थान पर खुदाई का कम किया जाने लगा जहाँ अधिकारी लोग एक पैदल पुल का निर्माण करना चाहते थे | इस बात से इस्लामी समुदाय में असंतोष पैदा हो गया और वे इजरायल के खिलाफ हमास संगठन के नेतृत्व में एकजुट होने का फरमान देने लगे; आरूप यह लगाय गया कि इजरायल के लोग मस्जिद की नींव को क्षति पहुँचाने का प्रयास कर रहे थे |

इस्लामिक मान्यता के मुताबिक अल इसरा वल मेराज वह रात है जब अल्लाह की तरफ से एक खास सवारी बुर्राक़ भेजकर मुहम्मद को मक्का से यरूशलम लाया गया था। कहा

जाता है कि अल अक़्सा मस्जिद में नमाज़ पढ़ने के बाद से उनके अध्यात्मिक सफ़र का प्रारंभ हुआ |

जेरुजालेम को कई बार तबाह किया जा चुका है और सैकड़ों बार कब्जा किया गया है | जाहिर सी बात है कि जिन्होंने भी कब्जा किए होंगे वो अपनी छाप छोड़ गये |

मौजूदा हिंसा की वजह भी वही अल अकसा मस्जिद को कहा गया | रमजान के मौके पर कुछ फिलिस्तीनी जमा हो गये और हिंसक प्रदर्शन करने लगे | उन्हें हटाने के लिए गोलियाँ चली, कुछ लोग घायल भी हुए | गंभीर हालत में रहने के कारण कई लोगों को जान से हाथ धोना पड़ा | सही आँकड़े नहीं आ पाने का कारण यह भी है कि बाद की स्थिति में कुछ लोगों ने दम तोड़ दिया |

आतंक का बुलबुला

बात तब और ज़्यादा बिगड़ गई जब इस झमेले में गाजा स्थित आतंकी संगठन हमास ने बदले की कार्यवाही करते हुए इसरायली ठिकानों पर अंधाधुंध बम बरसाने लगे |

गाजा में जारी हिंसा के बीच इजरायली सेना ने हमास को अपने जाल में फंसाकर उसके ही घर में निशाना बनाया है। सेना की

ओर से पहले जानकारी दी गई कि गाजा में जमीन पर हमला किया जाएगा ताकि हमास अपने लड़ाकों को अंडरग्राउंड टनल में भेज दे। यहां उन सभी पर एक साथ हमला करके भारी नुकसान का जाल बिछाया गया था। इससे हमास को नुकसान कितना हुआ, यह अभी साफ नहीं है लेकिन बड़ी संख्या में उसके लड़ाकों के अंदर दब जाने की खबरें आई हैं। इजरायल नैशनल न्यूज के मुताबिक IDF ने टनल लड़ाकों के ऊपर ही ढहा दिया जिससे बड़ी संख्या में हमास सदस्यों के दबे होने की संभावना है।

पहला टनल 2007 में गाजा पट्टी और मिस्र के बीच बना था और इसका इस्तेमाल तस्करी के लिए किया जाता था। इससे पहले भी इस तरह के ढांचों से काम लिया जाता था। बाद में इन्हें इजरायल के खिलाफ इस्तेमाल किया जाने लगा। यहां हमास रॉकेट और दूसरे हथियार रखता है, संचार स्थापित करता है, लड़ाकों को छिपाता और हमले भी करता है। इजरायल इन्हें खत्म करने की कोशिश लंबे वक्त से करता रहा लेकिन कामयाबी नहीं मिली।

हिंसा की आग में वेस्ट बैंक का हिस्सा भी झुलसने लगा; वहाँ फिलिस्तीनी और इसरायली सेना के बीच झड़प की खबरें आने लगी | इसरायल के नेतागण भी हमास को जड़ से मिटाने का

मन बना लिए | इस बात से यह तो बख़ूबी अंदाज़ा लगाया जा सकता है कि संघर्ष को और हवा लगने वाली है |

समस्यायों में कई बार उफान आया और फिर दब सा गया | अमेरिका के प्रयत्न से पिछले सालों शांति बहाल की गई पर उसे एकतरफ़ा कहकर हमास ने ख़ुद को दर किनार कर लिया |

विश्व समुदाय की भूमिका

विश्व समुदाय की धूरी दो जगहों पर टीके रहने के कारण अमेरिका और रूस के रूखों पर काफ़ी कुछ निर्भर करता है | अंतरराष्ट्रीय समुदाय यह भी बख़ूबी देख रही है कि इजरायल के लोग अपनी समस्या सुलझाने में काफ़ी हद तक सक्षम हैं | हमास एक आतंकी संगठन होने के कारण उनकी भी सुनवाई उस तरीके से नहीं हो रही है | हमास के ज़रिए तुर्की और पाकिस्तान जैसे अवसरवादी देशों को भले ही मौके मिल जाएँ, पर जंग को ज़्यादे दिन तक चला पाएँ की हैसियत न तो हमास में है और न ही इसरायल में | इतना तो इसरायल का हक ज़रूर बनता है की अपने देश में अमन, चैन और शांति का वातावरण कायम कर सके और ऐसी स्थिति कायम करने के लिए आतंकी संगठन से लड़ सके | समझदारी रखनेवाले देश और समूह इसरायल के मामलों में ज़्यादा दखलदारी करना भी

शायद ही पसद करें | समस्या उस वक्त और भी जटिल हो जाती है जब हमें लगने लगता है कि किसी ख़ास समुदाय से आतंकी संगठन का सघन मेल मिलाप हो गया हो | समुदाय से उस आतंक के बुलबुले को अलग कर पाना चुनौती भरा हो सकता है |

इस बात से भी इनकार नहीं किया जा सकता है कि विश्व समाज सिर्फ़ मूक दर्शक बना रहे और जो हो रहा है उसे होने दे | हिंसा भड़कने के कारणों का समयोचित विश्लेषण होते हुए उस परिस्थिति से डटकर मुकाबला करने के लिए मन बनाकर आयेज बढ़ना होगा | अगर किसी संगठन को लगता है कि उनकी सुनवाई नहीं हो रही है तो उस पक्ष को भी विश्वास में ज़रूर लेना होगा | अपनी ही ज़मीन पर रहते हुए अपने ही अधिकारों के लिए लड़ें और किसी बाहरी तत्व से न्याय की माँग करें उसमें भी सार्विक समाधान शायद ही मिले | जिस प्रकार से हमास ने हमले की योजना बना डाली और उसे अंजाम तक लाने के लिए अपनी ताक़त लगा दी उसका औचित्य गिनाने के लिए उस संगठन के पास शायद ही कोई शब्द बचे हों | जिन देशों को इस संघर्ष में से अपनी बात निकालने का अवसर दिखता है उन्हें भी इसरायल की आक्रामकता का अंदाज़ा हो ही गया होगा | उन्हें भी अपने

नागरिकों की सुरक्षा सुनिश्चित करने के लिए कुछ ठोस कदम उठाने ही होंगे |

इसरायल जब भी हमला कर रहा है उसके पहले निशाने पर आए जगहों को खाली करने की सूचना दी जेया रही है ; लोगों को जगह खाली करने के लिए पर्याप्त समय भी दिया जा रहा है | उन्हें इस बात का संदेह भी है कि चिन्हित ठिकाने हमास के द्वारा इस्तेमाल किया जा रहा है | आतंकी संगठन को ख़त्म करने की योजना आज कोई नया नहीं है, इस विषय में अमेरिका और उसके साथी देशों का प्रयास भी समय समय पर सन्दर्भीत होता आ रहा है | इसरायल में बसने वेल अरब समुदाय के लोग भी हिंसक प्रदर्शन में कूद पड़े |

इन सभी बातों से इतना तो स्पष्ट ही हो चुका है कि किसी हिंसा को ख़त्म करने के लिए उससे बड़ी कोई हिंसा को पनपने देने की पीछे कोई दीर्घ सूत्री समाधान नहीं है | इस हिंसा को बढ़ावा देने वाले देशों और समूहों हो इतना तो तय करके चलना होगा कि हथियार जमा करके आक्रामकता दिखा पाने का प्रयास करने से ज़्यादा बेहतर हो अगर किसी शांतिपूर्ण पहल की ओर कदम बढ़ाए जाएँ |

किसको किसका साथ!

१४ मई १९४८ के आज़ादी के शंखनाद से आज तक यहूदियों को अपने दुश्मनों से मुक्ति नहीं मिल पाई है | उन्हें हर वक्त दुश्मनों की ओर से किसी बड़े हमले होने का डर सताता है | इस दर के कारण ही उन्होंने कुछ ऐसे तंत्र को विकसित करना मुनासिब समझा जिससे उनके सुरक्षा प्रणाली को बल मिले | इस बात से कदापि इनकार नहीं किया जा सकता कि किसी भी धर्म ग्रंथ में धोखा , फरेब और हिंसक कारनामों को शायद ही मान्यता मिली हो | सभी धर्म गुरु हिंसा के विपरीत प्रेम संबंध को बढ़ावा देने की बात कहा करते हैं | इसी प्रेम संबंध को आसरा मानकर सभी समुदाय एक दूसरे से घुल मिलकर रहते हैं |

संघर्ष की स्थिति में राष्ट्रों के बीच दोस्ती का समीकरण भी बदलते रहता है | कभी आपसी दुश्मनी से ग्रसित सौदी अरब और इसरायल अभी दोस्त बन गये | सौदी अरब की ज़मीन पर अमेरिकी सेना का जमावड़ा बढ़ने लगा ताकि किसी बड़ी अनहोनी को टाला जा सके | हमें इस बात का भी अंदाज़ा होने लग गया है कि परिस्थितियों को समझते हुए अमेरिका और रूस अपनी अपनी भूमिकाएँ स्पष्ट कर सकेंगे और संयुक्त राष्ट्र को नाकाम होने से बचा सकेंगे | कभी अमेरिका से करीबी का आनंद उठाने वेल तुर्की को अब दादागिरी आज़माने का एक मौका मिल रहा है | एक यह भी विषय सन्दर्भीत हो

रहा है कि इसरायल को सबक सीखा पाने के क्रम में हथियार और आतंकी कारनामों पर तुर्कों को एक मजबूत पकड़ मिल सकेगा | इसके विपरीत परिस्थिति में उनका निशान भी मिट सकता है |

भारतीय शस्त्र में एक प्रचलित कहावत है , "सर्वम अत्यंत गर्हितम", अर्थात किसी भी चीज़ में अधिकता हानिकारक है | किसी धर्म को अगर एक दीवार तक ही सीमित कर दिया जाए तो भी उस धर्म की गरिमा के लिए मंगलकारक नहीं है | किसी और धार्मिक आस्था से जुड़े इमारत को गिराकर उसपर एक नया उपासना स्थल बनाने को भी प्रमुख धर्मों ने मानी नहीं किया | अगर कोई एक स्थल कई मान्यताओं और आस्था से जुड़े हों तो उसपर अधिकाधिक लोगों का प्रेम संबंध जुड़ा रहेगा और वहाँ वे लोग बार बार जाना पसंद करेंगे | ऐसी परिस्थिति में अल अक़्सा और संलग्न परिसर को विश्व समुदाय के लिए खोल दिए जाने चाहिए | यह एक विश्व समुदाय के लिए समझदारी के साथ उठाए गये वालिष्ठ कदम का हिस्सा होगा | उस समग्र परिसर को एक संग्रहालय का रूप दे दिया जाय और सबके लिए खोल दिए जाएँ |

इस बात से भी हम इनकार नहीं कर सकते कि हज़ारों मील का सूडंग बनाकर किसी देश का वजूद मिटाने के लिए हथियार जमा करते रहें और मार मिटने के लिए कूद पड़ने के कारनामे

मूर्खता पूर्ण ही होंगे | आने वाले समय में ऐसे अलगाववादी ताकतों का मिटना तय है |

बाधक तत्व

विश्व समुदाय के लिए जेरुजालेम का खोला जाना , यह कह पाना बहुत सरल है पर कर पाना उतना ही संकटापन्न | इसरायल को कई समस्याओं से जूझना होगा:

१. पहली समस्या उन अलगाव वादी ताकतों से लड़ने के रूप में आ सकता है; जिसे हम आज भी प्रत्यक्ष कर रहे हैं तथा जिस क्रम में हमास संगठन के दबंग खुद को एक राष्ट्र के आंतरिक मामलों में झोंक रहे हैं |

२. कुछ अवसरवादी देश इस संघर्ष में दिमाद लगा सकते हैं; जिनकी जहाँ तक हैसियत होगी उन्हें वहीं तक छलाँग लगाते हुए देखा जेया सकता है | इस धरती पर ऐसे भी देश हो सकते हैं जिन्हें अपनी ग़रीबी और अपनी समस्याएँ नहीं दिखें , पर उन्हें धर्म रखा की लड़ाई में कूद जाने और मार मिटने में आनंद आता हो |

३. सभी राष्ट्रों को ध्रुवों में बाँट देने के बाद आतंकी संगठनों को मौके मिल जाते हैं; किसी एक के खिलाफ़ आवाज़ बुलंद कर पाने की स्थिति में किसी दूसरे देश का साथ मिल सकेगा |

४. एक सम्मिलित पहल का हिस्सा यह भी हो सकता है की हम सभी रचनाधर्मी देशों को एकजुट करने के साथ साथ एक साझी रणनीति का निर्माण करें और संघर्षरत समूहों को उसे मान लेने के लिए प्रेरित करें | इस क्रम में अगर बाधक तत्वों की पहचान होती हो तो उन तत्वों के साथ बातचीत करें; विफलता की स्थिति में अंतिम मार्ग तो खुला रहने ही वाला है |

५. हमें इस बात के लिए भी प्रस्तुत रहना होगा जिससे जंगबाज समूहों को शांति प्रक्रिया लागू करने के क्रम से दूर रखा जा सके | हम आज इस परिस्थिति में नहीं हैं कि किसी एक जंग का पूरा खर्च किसी एक समुदाय पर थोप सकें | हथियार की होड़ में लगे रहने से कही बेहतर होगा यदि हम समुदाय को समृद्ध बनाने के लिए कृतसंकल्प हों |

६. कुछ लोग समस्याओं को जिंदा रखना चाहते होंगे ; उनके दो ही उद्देश्य रहते होंगे, इसके ज़रिए या तो एक विस्तृत संप्रदाय को विश्वास में लेने का प्रयास होता हो, या फिर इस प्रक्रिया से वे कुछ निहित स्वार्थ को भुनाते होंगे | इन दोनों परिस्थिति में ही हमें सजग रहते हुए किसी राष्ट्र की गरिमा और संप्रभुता को बचाए रखना होगा | अलगाववादी ताकतों का डटकर मुकाबला करते हुए हमें शांति और स्थिरता को दीर्घ समय के लिए बनाए रखना होगा |

७. अक्सर देखा जाता है वंचित संप्रदाय के लोग ही अलगाववादी ताकतों का सहारा लेने लग जाते हैं, उन्हें ऐसा करने से रोकने का एक ही उपाय है : उन लोगों को विश्वास में लेते हुए समाज की मूल धारा में समाविष्ट कर लेना होगा |

८ किसी ख़ास संप्रदाय को कुचलने में जितना शान है उससे कहीं ज़्यादा शान उस संप्रदाय को विकास की धारा में समाविष्ट कर लेने में है |

९. सर्वोपरि सहनशीलता का एक उत्तम विज्ञान भी है जिसके ज़रिए हम प्रतिपक्ष को सुधार जाने के लिए मौके देते हैं | जाहिर सी बात है इसरायल काफ़ी पहले से ही ऐसा करता आया है और आने वाले दिनों में भी हम उससे ऐसी ही उम्मीदें रख सकते हैं | संप्रभुता बचाए रखने के लिए इसरायल सहनशीलता का विज्ञान से सीख लेते हुए ही आयेज बढ़ने का प्रयास करेगा |

जो ना सहे उसका नाश है!

महर्षि वाल्मीकि विरचित रामायण में भी हम उसी सहनशीलता के विज्ञान को आधार मानकर मर्यादा पुरुषोत्तम श्री राम के रण कौशल का परिचय पाते हैं; उन्होंने किसी संहार लीला को अंजाम देने के पहले प्रतिपक्ष को मौके देना मुनासिब समझा | मौके देने के क्रम में ही उन्होंने शांति वार्ता लेकर

पहले श्री हनुमान को और विफलता आने पर दोबारा श्री अंगद को भेजा | युद्ध के दुष्परिणाम को देखते हुए उन्होंने इसे टालने का प्रयास किया | उन्हें पता था कि एक अपराधी को मारने के क्रम में कई निरपराध लोगों को भी प्राणों से हाथ धोना पड़ेगा | पर अहंकार ने रावण की बुद्धि को ढके रखा और सभी दुष्परिणामों को जानते हुए भी रावण युद्ध में कूद पड़ा |

मुख्य बिंदु:

१.   यहूदी, ईसाई और इस्लाम इन तीनों धर्म के मूल में अब्राहम ही हैं, इसीलिए इन तीनों धर्म मत को एकसाथ इब्राहिमी धर्म मत कहते हैं |

२.   पहली बार १९६७ की सीमारेखा को स्वीकार करके हमास ने इसरायल को मान्यता दे दिया था तथा यह भी जाहिर किया था की उसका वास्तविक संघर्ष उन जियोनिस्ट लोगों से है जो फिलिस्तीनी के क्षेत्रों को हथियाना चाहता है | हमास के घोषणापत्र में यह भी कहा गया था कि वो किसी भी देश मे अंदरूणी मामलों में दखल नहीं देगा | जबकि इसरायल हमास के इन घोषणापत्रों को बेबुनियाद बताता आया है |

३.	जेरुजालेम के केंद्र में एक प्राचीन शहर है जिसे ओल्ड सिटी भी कहते हैं; इस शहर के चार इलाक़े - ईसाई, इस्लामी, यहूदी और अर्मेनियाई- को परिभाषित करती हैं | इसके चारों ओर एक सुरक्षा दीवार है जिसके आस पास दुनिया के पवित्र स्थानों को देखा जा सकता है |

४.	ग़ज़ा में अभी लंबी अवधि तक जंग जारी रहने वाला है, जबतककी रसद की आपूर्ति बाहर से बंद किए जाते हों | इसमें इस्लामिक मौलवादियों का कूद पड़ने का भी अनुमान लगाया जा सकता है |

५.	हमास के आतंकी भले ही इसरायल को कुछ ख़ास नुकसान न पहुँचा पाते हों पर परेशानी पैदा करने की ताक़त जुटा लिए हैं | जबतक उनकी ताक़त बनी रहेगी तबतक अलगाववादी ताक़तों को आग में घी डालने का मौका मिलता ही रहेगा | ग़ज़ा पट्टी में हथियारों की सप्लाई ईरान से होते रहने का भी सबूत पाया गया है |

६.	१९९३ का समय गाजा भूखंड और जेरुजालेम के लिए काफ़ी अहम माना जाता है | उसी समय फिलिस्तीनी मुक्ति मोर्चा के नेता यासेर अराफ़ात और इसरायल सरकार के बीच एक महत्वपूर्ण समझौते हुए, जिसके ज़रिए इसरायल के गठन को मान्यता दे दिया गया और गाज़ा और वेस्ट बैंक में स्व-

शासन के लिए फिलिस्तीनियों की अंतरिम सरकार पर समझौता हो पाया |

७.   फिलिस्तीनी मूल के सभी लोग इस शांति समझौते से खुश नहीं थे, जाहिर सी बात है कि हमास पुनः सक्रिय हो उठा और १९९७ आते आते एक आतंकी संगठन के रूप में खुद को सन्दर्भीत करने लगा | यही वजह है कि तब से आज तक दो गुटों के बीच खूनी संघर्ष जारी है |

जागतिक नियंत्रण

भारत के साथ साथ पूरा जगत एक अनदेखे दुश्मन से लड़ रहा है | इतना तो हम ज़रूर कह सकते हैं कि यह कोई पहला मौका नहीं है, पर अगर कोरोना संकट के व्यापकत्व पर नज़र डालें तो अवश्य ही यह एक गंभीर परिणाम देने वाला वैश्विक संकट है, जो परमाणु बम के कारण विश्व के मानचित्र पर मंडराने वाले संकट से कहीं ज़्यादा घातक और कहीं ज़्यादा विनाशक साबित होता हुआ सन्दर्भित हो रहा है | जब पहली बार कोरोना के बारे में कुछ जानकारियाँ चीन के वूहान शहर से आने लगी तब शायद ही लोग इसके व्यापकत्व के बारे में अंदाज़ा लगा पाए होंगे | दिसंबर के बाद से इस वैश्विक संकट का विषय तेज़ी से बदलने लगा, उतने ही तेज़ी से अर्थनीति, समाजनीति और राजनीति के समीकरण भी बदलते जा रहे हैं | इस बात की आशंका भी जताई जा रही है की दुनिया के शक्तिशाली देशों को अपने अपने शक्ति प्रदर्शन एक सुनहरा बहाना मिल गया | विनाशक हथियारों के बारे में आज तक सिर्फ़ जुबानी जंग चल

रहा था, अब उन हथियारों को जंग के मैदान पर उतरते हुए भी शायद देखा जा सकेगा |

महामारी फैलने के लिए प्रत्यक्ष या परोक्ष रूप से किसे दोषी ठहराया जाना चाहिए , यह अभी भी तर्क का विषय है, पर ज़मीनी हक़ीकत को अगर देखा जाए तो महामारी के जन्मदाता को ही इसका प्रत्यक्ष कारक माना जाना चाहिए | परिस्थतियाँ कुछ भी हो, अब तो पूरी दुनिया का इस महामारी के कराल ग्रास में आ जाना एक भवितव्य ही है | इस प्रकोप से निकल पाने के लिए सभी समूह अपने अपने स्तर पर प्रयास कर रहे हैं | सफलता अगर मिल भी रहे हों तो कुछ ख़ास कहने लायक नहीं है, अपितु इस महामारी के सन्दर्भ में वैश्विक अस्थिरता और तनाव का जन्म होना भली भाँति सन्दर्भित हो रहा है | मौजूदा प्रस्तुति में हम उन सभी पक्षों के ऊपर प्रकाश डालना चाहेंगे जिसके कारण जागतिक अस्थिरता को बढ़ावा मिल रहा हो, उस प्रक्रिया को भी सन्दर्भित करेंगे जिसके कारण तनाव से हम सब मुक्त हो सकेंगे | इस महामारी के सन्दर्भ में एक जागतिक हिंसा का पनपना भी परिलक्षित हो रहा है | एक ऐसी परिस्थिति का निर्माण हो रहा है जहाँ मानवतावादी विचारों और मान्यताओं पर संकट के बादल मंडराते नज़र आ रहे हैं| संयुक्त राष्ट्र के महत्वाकांक्षी सुझावों पर भी वही संकट मंडराने लगे हैं, एक ऐसी परिस्थिति जहाँ

भूख और ग़रीबी से मुक्त विश्व का सपना सिर्फ़ एक सपना ही रहने वाला है | इसकी विवेचनाओं, मान्यताओं और प्रत्यक्षिकों पर प्रश्नचिन्ह सा लग गया है | महामारी से ग्रसित विश्व के लिए मंदी से जूझते हुए उस सपने से खुद को ओतप्रोत करते रहने में भी समस्याएँ पैदा होनेवाली है |

दोष किसका है और उसे क्या सज़ा देनी चाहिए , इस विषय पर ही चर्चा करते करते समय गुजरने वाला है | हम यह भी कह सकते हैं कि संकटापन्न परिस्थिति से उभरने के लिए जो विश्व स्तर की एकता का दर्शन पनपना था उससे हम मीलों दूर भटक रहे हैं |

अगर थोड़े देर के लिए यह मान भी लें कि कोरोना संक्रमण असल में प्रकृति का ही प्रकोप है, तो पहला प्रश्न यही निर्माण होता है कि इस प्रकोप से संसार को बचाने के लिए हमारे पास पर्याप्त समय था, फिर भी उस मौके को हम कुशलता पूर्वक उपयोग में नहीं ला पाए, आरोप - प्रत्यारोप में उलझकर रह गये, इसका क्या कारण हो सकता है? इसका एकमात्र कारण है व्यक्ति और गोष्ठी स्वार्थ से ग्रसित क्रिया कलापों का होना, तथा दूसरों के प्रति समुचित संवेदनाओं का नहीं होना | आज अमेरिका के लोग ज़्यादा संकट का सामना कर रहे हैं | अगर हम इसे संवेदना रहित होकर देखने लग जाएँ तो अप्रत्यक्ष रूप से इसका प्रकोप झेलने के लिए हमें भी तैयार रहना होगा |

आज के विश्व व्यापार की संरचना में कोई भी एक देश खुद को अलग रखकर सफलता की राह पर नहीं चल सकता | प्रकृति का प्रकोप अगर आया भी होगा तो सम्मिलित रूप से उसका मुकाबला करने में ही हमारी बुद्धिमानी सर्वमान्य हो, हमें सभी पूर्वाग्रहों से मुक्त होते हुए एक साझी रणनीति के अंतर्गत सक्रिय होना होगा | यही सम्मिलित प्रगति का मार्ग होने के साथ साथ सर्वसमावेशक सम्यकत्व से पुष्ट एक उपाय हो सकता है , ऐसा समझते हुए साहसिकता के साथ इसपर चल पड़ने की ज़िम्मेदारी हमारी है |

कोरोना संक्रमण को हम एक नैसर्गिक नियंत्रण के रूप में भी मान सकते हैं , जिसके द्वारा क्रमशः बढ़ते हुए मानव जनसंख्या पर एक स्वाभाविक नियंत्रण स्थापित होता हुआ प्रतिभासित हो रहा है| क्या हम इस नियंत्रण से खुद को अलग कर पाएँगे? क्या अन्य जंतुओं की भाँति हमें भी कोरोना के नियंत्रण में ही रहना होगा ? क्या कोरोना ही मानव निर्मित चिकित्सकीय प्रणाली पर सीधा प्रहार है ? क्या विश्व परिवार इस गंभीर संकट से खुद को मुक्त करते हुए अग्रज की भूमिका में खुद को देख पाएगा ? अगर हाँ तो कैसे ?

परिस्थिति जो भी हो , इतना तो स्पष्ट है कि समाज और संप्रदाय पर पैसों का नियंत्रण और हथियार का वर्चस्व अब झूठा साबित हो रहा है, अब तो लोग एक दूसरे से घुल मिलकर

संयुक्त रूप से न दिखने वाले दुश्मन से लड़ने के लिए मन बना चुके हैं | उन्हें अब सिर्फ़ एक ठोस नीति निर्देशक तत्व के लिए इंतजार करना पड़ेगा, इतना ही नहीं उस तत्व को अमल में ला पाने के लिए भी प्रयत्नशील होना होगा |

इस बात की चर्चा खूब चल पड़ी है की दुनिया में सभी देशों को कोरोना संक्रमण के चलते काफ़ी नुकसान उठाना पड़ रहा है | इस विषय को अगर अधिक सूक्ष्मता से देखें तो उत्पादन और सेवा के क्षेत्र में लगे हुए असंगठित लोगों को ही सबसे ज़्यादा नुकसान उठाना पड़ेगा, उन्हें ही आपदा के कारण अपने रोज़गार से हाथ धोने की नौबत सी आ गई | भारत में भी हमें इसका नज़ारा दिहाड़ी मजदूरों के पलायन के रूप में दिखा | कई जगहों पर उन्हें हिंसा, भूख, परेशानी आदि से भी गुज़रना पड़ा | सरकारी तंत्र में दर्ज लोगों को ही कुछ सहायता राशि आसानी से मिल पाने की उम्मीद है, और एक बड़ा अनपढ़ समूह उन सभी सुविधाओं से वंचित सा ही रहने वाला है | मध्यम और छोटे व्यापारी भी व्यवसाय चक्र टूटने से नुकसान झेलने के लिए मजबूर से हो रहे हैं | उन्हें कुछ ठोस सहयता राशि अगर मिल भी गई हों तो उससे ज़्यादा कुछ राहत मिलना संभव नहीं है| उनका व्यवसाय पटरी पर आने से पहले तक समस्याएँ बनी रहेगी | उनके पास उत्पादन से जुड़े लोगों का तंत्र अगर रहे भी हों तो बाजार का सक्रिय नहीं होने के कारण

नुकसान उठाना पड़ेगा, अपितु एक अनिश्चयता से भी गुज़रना पड़ेगा |

किसी भी घटना क्रम से सिर्फ़ हानि ही हानि होते हों, कोई लाभ न होता हो ऐसा मान लेना समाज दर्शन के अनुकूल विचार नहीं हो सकता | कोरोना संक्रमण के कारण वैश्विक महामारी का सन्दर्भ भी कुछ ऐसा ही हानि और लाभ के तराजू में समतोल दर्शाता है | कोरोना संक्रमण से लाखों लोग जान गँवा बैठे, अरबों लोगों को नुकसान उठाना पड़ा, कई देश में आर्थिक मंदी जैसे हालात बन गये, लोगों का रोज़गार छिन गया, किसान और मजदूर एक अनिश्चित जीवन को अपनाने के लिए वाध्य हो गये, अंतरराष्ट्रीय सीमाओं पर तना - तनी की स्थिति बन गई, आतंक और अस्थिरता का बादल देश की सीमाओं में भी घूमने लगा, रंगभेद - जाति भेद आदि अवगुणों को लोग अधिकाधिक याद करने लगे और हर क्षेत्र में आर्थिक तंगी से देश को गुज़रना पड़ा | नुक़सानों को गिनते रहें तो शायद सूची लंबी हो जाए | इसके विपरीत कुछ ऐसे भी वर्ग हैं जिन्हें इस महामारी के सन्दर्भ में कुछ लाभ भी हुआ| जागतिक स्तर पर सभी लोगों को चिकित्सक और चिकित्सा कर्मियों के योगदान से परिचित होने का मौका मिला, आपसी भेद भूलकर सम्मिलित रूप से आपदा प्रबंधन में लगने का

मौका मिला, स्थानिक उत्पादों पर ध्यान टिकते हुए परियोजना प्रारूप तैयार करने की और उसी योजना को अमल में लाने हेतु प्रेरणा मिली, व्यापार जगत में अपनी पहचान बनाने और तत्परता दिखाने का एक सुनहरा मौका सबको मिला, चिकित्सकीय प्रबंधन के क्षेत्र में काफ़ी सुधार किए जाने लगे, नई प्रक्रियाओं को तथा निदान तंत्रों को आज़माने हेतु आवश्यक सुधार भी होने लगे और उन सुधारों से एक दूसरे को परिचित कराया गया | इस प्रकार से और भी कई मुनाफ़े गिनाए जा सकते हैं जो कि हमें अधिकाधिक बलशाली बनाने का काम करता रहा | एक तरह से प्रकृति को प्रदूषण के प्रकोप से मुक्त होने के लिए समय मिल गया | प्रकृति के रूप रंग में भी निखार आने लगा | अधिकाधिक देशों में नाकेबंदी के चलते प्रदूषकों का प्रमाण काफ़ी मात्रा में घटा, इसका नतीजा है कि हम निसर्ग को उसके स्वाभाविक रंग रूप में देख सके | इतना ही नहीं मौसम में भी कुछ बदलाव परिलक्षित हुआ | यह तभी हो पा रहा है जब हमारे कल कारखानों से ज़हरीले पदार्थों का निकलना कुछ कम हुआ है |

दक्षिण चीन सागर में मोर्चा खोलने के लिए चीन और साथी देशों को मौका मिला | उसे बाधा देने वाले जंगी बेड़े अभी खुद के देश में ही महामारी से जूझ रहे हैं, अतः सुनहरा मौका चीन अपने हाथ से जाने देना नहीं चाहेगा | जब पूरा विश्व संक्रमण

से जूझ रहा है उस समय चीन अपने नये व्यापारिक पहलुओं को उजागर करने में लगा है | उसे आर्थिक मंदी के रास्ते विश्व व्यापार में हिस्सेदारी बढ़ाने हेतु अनुप्रवेश पाने का एक सुनहरा मौका दिखने लगा है | मंदी में चलने वाले उद्योगों को खरीदने के लिए चीन अपना पैसा लगाने के रास्ते तलाशने लगा | तीसरे विश्व के देश भी उसके नज़र से बचने वाले नहीं हैं | अमेरिका और योरोप की कमज़ोरी का सीधा लाभ चीन जैसे देशों को ही होनेवाला है |

अंतरिक्ष की ओर खोजी वृत्ति से प्रेरित कई अभियान, मानव रहित संयंत्र, दूर गामी मानव रहित आकाशयान आदि भेजकर हमारे वैज्ञानिक काफ़ी दिनों से इस बात का पता लगाने में जुटे हैं कि अपने विश्व जैसी परिस्थितियाँ और कहाँ कहाँ बन रही है | मंगल यान, चंद्रयान बृहस्पति परिक्रमा करने वाले संयंत्र तथा सौर मंडल के अंतिम छोड़ तक जाकर जीवन पनपने लायक परिस्थितियों का अनुसंधान करते करते वैज्ञानिकों को कई अनसुलझे रहस्यों का भी ज्ञान हो गया |

अपने सौर मंडल के बाहर और भी कई बड़े बड़े सौर मंडल हैं, जहाँ ऐसे वातावरण तो हो ही सकते हैं जहाँ सहनीय तापमान की कड़ी में उतने ही प्रकाश की प्रचूरता में जीव का पनपना संभव हो सकेगा | सबसे निकटतम ग्रहों की दूरी का अगर हम अंदाज़ा भी लगाना चाहें तो असंभव सा ही प्रतीत होता है | उस

ग्रह से हमारे पास प्रकाश आने में ही सैकड़ों साल लग सकते हैं | हमारा वहाँ पहुँचना तो दूर की ही बात है | उस ग्रह का आकार अपनी धरती से काफ़ी बड़ा तो है पर वहाँ गुरुत्वाकर्षण की पकड़ ज़रा कम ही है |

विज्ञान की बातें महज कल्पना की उड़ान पर नहीं टिकती है | हर बात के लिए विज्ञान को सबूत चाहिए | क्या भिन्न ग्रहियों का कोई अस्तित्व है भी या हमने सिर्फ़ कल्पना में ही उसे होने का दावा कर लिया? क्या भिन्न ग्रहियों से कभी कोई संपर्क या कभी कोई संघर्ष हुआ है? क्या कभी कोई उन भिन्न ग्रहियों को देख पाया है? अगर हाँ, तो कब, कहाँ और कैसे?

कहा जाता है हमारे पास कभी कभी अजीब तरीके का तरंग आता है जिसका विश्लेषण कर पाना मुश्किल हो जाता है, उसकी भाषा, उसके क्रम तथा उसके अंदाज मानव को भ्रम में डालने लायक भी है | एलियन ग्रह का पता चलने के बाद से भिन्न ग्रहियों का होना और ज़ोर पकड़ रहा है | वातावरण अगर धरती जैसा है तो वहाँ अन्य परिस्थितियों का धरती जैसा होना एक संयोग भी हो सकता है | ऐसी मिलती जुलती वातावरण में धरती पर पनपे जीवन कड़ियों से मिलने जुलने वाले जीवन कड़ियों का वहाँ होना भी संभावित ही होगा |

संधान मिला भी तो वहाँ पहुंच पाना मानव रहित यान के लिए भी असंभव सा ही प्रतीत होता है | सिर्फ़ हम वहाँ आलोक चुंबकीय तरंग को ही भेज सकते हैं | उस तरंग को भी वहाँ जाकर वापस आने में सैकड़ों साल लग जाएँगे |

असंभव सा प्रतीत होने वाले सभी कारनामों पर पैसा और समय खर्च करने से हमें थोड़ा सोच विचार भी कर लेना होगा | कहीं यह सिर्फ़ अपनी पीठ थपथपाने तक ही सीमित न हो जाए | अगर भिन्न ग्रहियों का तलाश और उर्जा तंत्र को समझना लाभकारी है भी तो किस तरीकों से उसे लाभप्रद बनाना होगा ? क्या कोई उद्योग धंधों की सहूलियत मिल पाएगी? क्या हम तरक्की के रास्तों पर रफ़्तार पा सकेंगे?

धरती को आने वाले समय में किसी भयानक तबाही से बचाने का काम भी करने लायक शक्ति जमा कर पाना आधुनिक विज्ञान के सामने एक बड़ी चुनौती है |

कहा जाता है आज से कई लाख वर्ष पूर्व किसी उल्कापात से ही दानवीय वृति वाले तमाम सरीसृप समाप्त हो गये थे और स्तन धारी प्राणियों का काल खंड शुरू हो गया था | चद्रमा को पार करने के बाद उल्का धरती की ओर इतनी तेज़ी से आने लग गया था की वायुमंडल में प्रवेश करने मात्र से ही वह एक बड़े आग के गोले में बदल गया और महज कई मिनटों में ही

अटलांटिक का क्षेत्र पार कर गया | उसके तापमान के प्रकोप से ही अतिकाय जीव आँखो की रोशनी खो बैठे और झुलसकर मरने के लिए मजबूर हो गये |

हमें इस बात का तो अंदाज़ा हो ही गया है कि आधुनिक विश्व में सबसे अधिक वर्चस्व मानव का ही है | वह भी इतना कि धीरे धीरे हम अपने जैव विविधता को खोते जा रहे हैं | अगर यही सिलसिला चलता रहा तो मानव से मानव के बीच चलने वाला श्रेष्ठता की लड़ाई भी अब ज़्यादा दूर नहीं है | जब बाहरी संकट पर विजय पा लिया जाएगा तब मानव अपने ही नस्ल के किसी अलग संप्रदाय पर विजय पाना पसंद करेगा |

वह परिस्थिति दोनों के लिए समान रूप से नुकसान दायक ही होगा | अपने संसार में ऐसी परिस्थिति शायद ही कभी आए होंगे जब चारों तरफ भाईचारे का माहौल रहा हो, सभी जन मिल जुलकर काम करते हों , मिल बाँटकर खाते हों और एक दूसरे को सहयोग देते हों | छोटी बड़ी लड़ाइयाँ चलती चली आ रही है | सभी लड़ाइयों से, वर्चस्व के जंग से पूर्णतः छुटकारा पाना अभी भी सभ्यता के मानचित्र से बहुत दूर ही प्रतीत हो रहा है | विज्ञान और प्रौद्योगिकी पर पकड़ होने का घमंड जताते हुए कोई एक देश का समूह अन्य किसी देश में घुसकर किसी और समूह के लोगों पर जानलेवा हमला करने लग जाए तो इससे समुदायों का परिपक्व न होना ही समझना होगा |

ऐसी परिस्थिति में एकजुट होकर किसी बड़े संकट का मुकाबला कर पाना उनके वश की बात नहीं हो सकती |

धरती से बाहर एक अलग धरती की खोज के क्रम में ही पूरी दुनिया को उसके विज्ञान की समझ को चुनौती देने वाला एक क्रम कोरोना वायरस के रूप में संसार के मानचित्र पर बड़ी तेज़ी से पैर पसारने लगा | दिसंबर २०१९ में पनपे इस संकट की चपेट में सभी देश प्रत्यक्ष या परोक्ष रूप से आ ही गये| इसका मानव से मानव के बीच फैलने की बात से पूरी दुनिया चपेट में आ गई | बड़े बड़े स्वास्थ्य व्यवस्था भी इस संकट के सामने लाचार पाए गये | भारत को भी २५ मार्च २०२० तक देश के तमाम सेवाओं और उद्योग धंधों पर बंदी लगाना पड़ा | इटली, अमेरिका , जर्मनी, ईरान , फ्रांस, चीन जैसे बलशाली देश भी रोने के लिए मजबूर थे | संसार भर में पूरी तरह नाके बंदी से सभी जन जूझ रहे थे |

इस वायरस के फैलते रहने से कई मुद्दे प्रकट हो रहे हैं | मानव के संवेदनशीलता, अपने स्वस्थ रहने की मानसिकता और कीटाणु विषाणु के स्रोतों के बारे में बेख़बर रहने की वृत्ति से एक समुदाय के संकट का शिकार अन्य समुदाय को भी होना पड़ रहा है | कीटाणु, विषाणु के फैलने का सीधा संपर्क व्यक्ति के रहण सहन, ख़ान पान से है | कुछ ख़ास जनजाति के लोग कुछ ऐसे भोजनों का सेवन करते हैं जहाँ से अक्सर कीटाणु,

विषाणुओं का पनपना तथा मानव शरीर में प्रवेश कर जाना कई बार साबित हो चुका है | विश्व स्तर पर किसी कीटाणु विषाणु के संक्रमण का यह कोई पहला पल नहीं है | इसके पहले भी प्लेग, कोलेरा जैसे घातक दुश्मनों से इंसान जूझ चुका है | कारोना उन तमाम बीमारियों से बिल्कुल ही अलग है | इस बीमारी का पता चलने में ही कई दिन लग जाते हैं | जब तक बीमारी का पता चल पाए तब तक वो बीमार व्यक्ति और कइयों तक संक्रमण फैला चुका होता है | यही इस बीमारी के कारण महामारी होने का सबसे बड़ा गणित है |

कई जानवरों के बीच संक्रमण फैलानेवाले इस विषाणु ने आख़िर मानव शरीर तक पहुँचने का अपना रास्ता साफ कर लिया है | उसके यहाँ तक के सफ़र करते करते विवर्तन की कड़ी को इतना बल मिल गया है की उसके लिए कोई प्रतिशेधक खोज पाना एक बड़ी चुनौती से कम नहीं है | इस घड़ी में लोग यही उम्मीद लगाएँगे कि संसार भर के मानव समुदाय इस समस्या का एकजुट होकर मुकाबला करें और अपनी अपनी ग़लतियों पर ध्यान देते हुए उसे सुधार लें | किसी भी एक देश के लिए संसार भर से अलग रहकर इस संकट का मुकाबला कर पाना शायद ही संभव हो सके | अतिशय आत्मविश्वास का मोल चुकाने के लिए अमेरिका जैसे देश को हज़ारों जानें गँवाने पड़े | उसके पास जीवाणु के तीसरे

स्तर तक फैलने से रोकने के लिए कोई ठोस उपयोजना अगर रहे भी होंगे तो काम नहीं आए |

बीस साल के अंतराल में यह तीसरा मौका है जब कि विश्व को ऐसे विषाणुओं से जूझने के लिए रण नीति बनाने की आवश्यकता आन पड़ी | आने वाले समय में विवर्तन की धारा पर अग्रज बने विषाणुओं से इंसान को सबक लेना होगा | भारत जैसे देश में जहाँ कुंभ मेला जैसे जमावड़े के समय लाखों लोग गंगा स्नान करने जुट जाते हैं, देवस्थानों पर कई लाख लोगों का जत्था लगता है, पर कभी भी महामारी जैसी परिस्थिहतियाँ बनी नहीं | भारतीयों के रहन सहन, ख़ान पान आदि पर और अधिक कुछ कहने की आवश्यकता नहीं है |

दूसरी दुनिया खोजने की वृत्ति अपने स्थान पर चलते रहे, साथ ही साथ हमें अपने विश्व को सर्वजन हिताय और सर्वजन सुखाय एक सुंदर घर बनाना है | इस आशय को तब प्राथमिकता मिल पाएगी जब वर्चस्व की लड़ाई छोड़कर मानव संप्रदाय के लोग एक दूसरे का सम्मान करते हुए विश्व वंधुत्व के मंत्र को सदा के लिए अपना सकेंगे |

कहने मात्र से अपनी दुनिया सुंदर और तनाव मुक्त हो जाएगा ऐसा भी नहीं है | सभी शक्तियों को एकत्र आकर छोटे छोटे

स्वार्थ त्याग के ज़रिए सार्वजनिक जीवन को अधिक कारगर बनाने हेतु मिल जुलकर काम करना होगा |

कोविद -१९ कितना नुकसान किया वह तो हम देख ही रहे हैं, पर इसने सबके मन में एकजुट होने की प्रेरणा भी देकर गया | सबको एक छतरी तले लाने का काम भी इसी विषाणु ने किया | विश्व युद्ध की परिस्थितियों का निर्माण करके मानव जाती को उसके किए जाने वाले ग़लतियों पर भी इशारा करते हुए कोविद -१९ अपना पैर पसारने का काम कुशलतापूर्वक करता रहा |

एक ऐसा शत्रु जो फैल जाने के बाद अपने मौजूदगी का आभाष देता हो, एक ऐसा विषाणु जिसके साथ लड़ने के लिए पर्याप्त साधन न हों और एक ऐसा शत्रु जो शरीर के अंदर घुसकर इंसान को खोखला कर देता हो अपने लिए घातक ही है | भारत जैसे घनी आबादी वाले देश के लिए तो यह विनाश लीला रचाने के लिए पर्याप्त ही है | नासमझ लोगों के बीच में इसका पनपना बहुत आसान भी है | अब तो यह भी साबित हो गया की सिर्फ़ बड़े बड़े हथियार बनाने से सभ्यता में श्रेष्ठ स्थान नहीं पाया जा सकता | वेदों पुराणों में एक आदर्श जीवन जीने के कई विधि निर्देश, अभ्यास करने लायक क्रियाओं का विवरण आदि भरा पूरा है | आवश्यकता सिर्फ़ इस बात की है की हम उन तत्वों को अपने जीवन में उतार सकें | ईश्वर से

हमें सिर्फ़ आत्म शक्ति के साथ साथ सकारात्मक आत्म्बोध माँगना होगा ताकि हम विनाशकले विपरीत बुद्धि से बच सकें, अपने संप्रदाय को बचा सकें, दुनिया को एक आदर्श जीवन का पैगाम दे सकें और खुद को श्रेष्ठतम के स्तर तक उन्नत कर सकें |

कौन क्या कर रहा है इससे कहीं अच्छा और कारगर विचार है की हम खुद क्या कर रहे हैं | हमारे कारनामों से किसको कितना ज़्यादा लाभ मिल सकता है, इससे भी ज़्यादा ज़रूरी यह सुनिश्चित करना होता है कि अन्य किसी को हमारे कारनामों से नुकसान न हो | सीने पर बंदूकें तानकर शांति और अमन की बात करने वालों पर भी हमें दया आनी चाहिए | उन्होंने खुदको अगर व्यवस्था से अलग रूप से देखना प्रारंभ कर दिया हो तो हम सिर्फ़ इतना कह सकते हैं -- ईश्वर उनकी रक्षा करे, सद्बुद्धि दे ताकि अपना नफा नुकसान समझ सकें |

रक्त रंजित संस्कृति

अफ़ग़ानिस्तान का नाम आते ही हमें काबुलीवाला शीर्षक एक कहानी याद आ जाती है जिसमें रहमत को एक नेक, ईमानदार और सत्यवादी पठान के रूप में दिखाया गया था | रहमत कलकत्ता की गलियों में पेस्ता, बादाम, अखरोट आदि बेचता था और एक सराइखाने में नेकी पर आधारित जीवन जी रहा था | झूठ और प्रपंच बर्दाश्त न कर पाने की अवस्था में एक स्थानीय व्यापारी से उलझ गया था | कभी ऐसा भी काल आया था जब अहमद शाह अब्दाली दिल्ली को खून से लाल कर दिए थे | मराठा जनजाति को तीसरी पानीपत से अब्दाली के हाथों बर्बादी के कराल ग्रास में आना पड़ा | दोनों के शक्ति परीक्षण का वह दौड़ मराठा जनजाति को काफ़ी ठेस पहुँचाया था | आज भी वहाँ के लोग उस जंग को शायद ही भूल पाते होंगे | वही अब्दाली अफ़ग़ानिस्तान में राष्ट्र निर्माता के रूप में पूजे जाते हैं ! कभी ऐसा भी काल आया जब अफ़ग़ान के साथ बड़े बड़े देशों की अशांति के कारण माहौल तनावपूर्ण रहता था |

अगस्त २६, २०२१ का वो समय जब काबूल हवाई अड्डे पर अपनी जान से हाथ धोने वालों को पहचाने जाने के लिए इधर उधर भागते हुए समूहों को देखा जा रहा था | इसका अनुमान हम बड़ी आसानी से लगा ही सकते हैं कि उन निरपराध लोगों पर क्या बीत रही होगी; कइयों को तो पहचाना ही नहीं जा रहा था |इस्लाम कट्टरपंथ का पनपना और अलग अलग नाम से जाने जाने का विषय एक ऐसी नियती है जिसके अंतर्गत आम नागरिक भी संकट में आ जाते हैं | विषय ऐसा भी सुनने में आता है कि कट्टरपंथ समुदाय किसी भी नाम से जाने जाते हों , हक़ीकत में उनका मूल एक ही है |

सन २००१ से अमेरिका और उसके साथी देश अफ़ग़ानिस्तान के अंदर इस बात के लिए उलझे रहे जिसके अंतर्गत अफ़ग़ान मूल के लोगों को आधुनिक संस्कृति का पाठ पढ़ाना था और उन्हें सुसंस्कृत बनाना था | अमेरिका के पहले वहाँ कई साल तक राशिया उलझे रहा | समाधान न मिल पाने के कारण राशिया ने वहाँ से खुद को अलग रखना उचित समझा | अमेरिका का रुख़ भी सकारात्मक रहा होगा, यह एक तर्क का विषय है | समस्या इस बात को लेकर भी हो रही है कि अमेरिका का दिया हुआ आधुनिक हथियारों पर तालिबान का नियंत्रण कैसे हो गया | जाहिर सी बात है कि उनके पास अधिक शक्ति का केन्द्रीभूत हो जाना एक नियति है | निरंतर

जंग में उलझे रहने का ही नतीजा है किवहाँ के आम जनों का जीवन ग़रीबी से ग्रस्त होता रहा; परिस्थितियाँ सुधरने के बजाय और बदतर होती चली गई |

समस्या और गंभीर तब हो गई जब अमेरिका ने यह तय कर लिया कि अगस्त (२०२१)महीने के अंत तक उन्हें अफ़ग़ानिस्तान से निकल जाना है ; वही रिक्त स्थान था जिसे भरने के लिए सभी आतंकी संगठन कमर कसने लग गये थे | कई आतंकी संगठन आपस में भिड़ने भी लगे | तालिबान की पकड़ ज़्यादा होने के कारण उन्हें ज़्यादा ज़मीन मिलने लग गई |

लोगों को सिर्फ़ इस बात का भय है कि तालिबान का जो स्वरूप है , या उनका पिछला जो स्वरूप रहा है उसके कारण भी कई देश तालिबान को मान लेने के पक्ष में नहीं हैं | इस विषय में अंतर राष्ट्रीय समुदाय दो धूरियों में बँटते हुए देखा जा रहा है | १९९६ से २००१ के बीच अफ़ग़ानिस्तान में तालिबान हुकूमत के कारण जो अलगाव और आतंक का राज चल पड़ा था उसके कारण भी लोग इस संगठन पर भरोसा नहीं कर पा रहे हैं | ऐसी ही वृत्ति के कारण वहाँ से भारी संख्या में लोग निकलना चाह रहे हैं | तालिबान या उस प्रकार के अन्य संगठनों को परास्त करके वहाँ लोकतंत्र कायम करने के लिए अमेरिका उस देश में दाखिल हुआ | उनके सामने चुनौतियाँ कई थी, संकट

भी गंभीर था, लोग कई गुटों में बँटे हुए थे | इस परिस्थिति में कई आतंकी संगठनों ने उस देश को अपना घर बना लिया | लोगों को भी लगने लगा कि अब शायद अफ़ग़ानिस्तान को एक आधुनिक राष्ट्र के रूप में देखा जा सकेगा | इस बात को धूमिल करते हुए वहाँ अगस्त २०२१ ख़त्म होते होते समस्याओं का अंबार लग गया |

कर्म कौशल

अपने भारतीय संस्कृति में कर्म कुशलता के बारे में ज़्यादा चर्चा होती है | ज़मीन से जुड़े लोगों को सुदृढ़ बनाने के माध्यम से किसी देश या समुदाय को सुदृढ़ बनाया जा सकता है | युद्ध संस्कृति के आदि संस्था और संगठन के लिए युद्ध संस्कृति का ही पोषण हो पाएगा; इस बात से हम कदापि इनकार नहीं कर सकते | यही कारण है कि आए दिन सभी शक्तिधर देश उस युद्ध संस्कृति में गोते लगा लगाकर थक जाते हैं और उस समुदाय को ज्यों का त्यों उनकी स्थिति पर छोड़ देते हैं | उनके प्रयासों और नियोजनों का एक ही आधार रहता है: आतंक का दमन उससे और भयंकर आतंक का प्रदर्शन करके किया जाय | ऐसा करते समय लोग यह भी भूल जाते हैं कि आतंक की भूमि पर ही हिंसा का बीज़ारोपण हो जाता है | इतना तो दावे के साथ कहा जा सकता है कि रोज़गार और उन्नत जीवनचर्या

का मौका मिल जाने के बाद मौत का सौदा शायद ही किसी को पसंद आए |

प्रश्न इस बात के लिए भी निर्माण हो रहा है कि अमेरिका का इतना पैसा, इतना समय, इतना संसाधन और इतना प्रयास अफ़ग़ान की भूमि पर पूरी तरह विफल पाया गया | कई प्रयास तो भारत की ओर से भी किए जा रहे थे, उन सभी प्रयासों मे कई अरब रुपये खर्च भी हुए | उनके नागरिकों को भारत लाकर यहाँ के महाविद्यालयों और उद्योग संस्थाओं में प्रशिक्षित करने का प्रयास भी आधा अधूरा साबित हुआ |

इतना तो हम भी समझ जाते हैं कि ज़्यादा पैसा खर्च करके किसी अन्य देश में दाखिल होनेवाली संस्था कुछ हासिल किए बिना वहाँ से वापस आना शायद ही मंज़ूर करे | अगर किसी देश की सेना को हम किसी आतंकी संगठन के सामने घुटने टेकते ऊए देख लें तो उस देश की व्यवस्था और तंत्रात्मक प्रणाली पर सवाल उठाए जा सकते हैं | सिर्फ़ इतना ही नहीं हम अमेरिका के कार्य प्रणाली और मंशा के बारे में भी आश्वस्त होना पसंद करेंगे | अमेरिका को लगता था कि और भी अन्य देश उसके साथ कंधे से कंधा मिलाकर अफ़ग़ानिस्तान में उसके सैन्य बहाली का समर्थन करते हुए उसे वहाँ बने रहने के लिए निवेदन करेंगे | ऐसा कोई सकारात्मक रुख़ न देखते हुए आख़िर वहाँ से मित्र सेना का

हटाया जाना तय हो गया | शंका इस बात की भी जताई जा रही है कि अमेरिका के शत्रु पक्ष के कई नेता सिर ऊँचा कर रहे हैं और फिर से समूचे विश्व में आतंक का जाल बिछाने के लिए धूरी की तलाश में हैं | अफ़ग़ानिस्तान की ज़मीन इस मामले में काफ़ी असर देनेवाला साबित हो सकता है | इसका कारण हम पहले ही चर्चा कर चुके हैं | आतंक की भूमि पर ही हिंसा का पौधा पनपता है ; पक्ष और प्रतिपक्ष तो बदलते ही रहते हैं |

सवाल यह भी पैदा हो रहा है कि इतने बड़े आतंकी संगठन को पैसा कहाँ से आ रहा है ? क्या सिर्फ़ बाहरी सहायता सामग्री से उनकी माँगें पूरी हो जाती होगी या फिर उन्होंने आंचलिक स्तर पर भी जड़ें जमा लिए होंगे! इसका सीधा समाधान बताते हुए कई शोध कर्ताओं ने यह तत्थ्य निकाला है कि जिहादियों के आमदनी का एक बड़ा हिस्सा कर वसूली के रूप में आता है | उन्हें स्थानीय तौर पर अफ़ीम उत्पादक किसानों से और अन्य व्यापारियों से पैसे मिलते हैं | हेरोइन बनाने वाली प्रयोगशालाओं से भी वह संगठन कर वसूलता है | इन सबसे तालिबान को हर साल करीब तीन हज़ार करोड़ रुपए के बीच की आय होने का अंदाज़ा लगाया जाता है ; आँकड़े समय समय पर कम ज़्यादा होते रहते होंगे |

२०१८ में अमेरिकी कमांडर जनरल जॉन निकोलसन ने एक रिपोर्ट में कहा था कि तालिबान को उसकी आय का ६० फ़ीसदी

हिस्सा अवैध नशीले पदार्थ के धंधे से आता है | आँकड़े जो भी हों इतना तो तय है कि जिस देश के सिर पर किसी आतंकी संगठन का साया हो उसमें गुजर बसर करने वालों का जीवन तो सर्वशक्तिमान ईश्वर के भरोसे ही चलता होगा |

समाधान सूत्र

आतंकी संगठन को चुन चुनकर मारे जाने का सिलसिला कभी ख़त्म न होनेवाला प्रकरण है | पहला प्रश्न यही निर्माण होता है कि अगर वहाँ कोई व्यवस्था कायम न हो पाती है तो वहाँ रहनेवाले संप्रदाय के एक हिस्से को लोक-तंत्रात्मक तरीके से तैयार कर लेना ही समीचीन होगा | थोड़े देर के लिए अगर यह मान भी लें कि अफ़ग़ानिस्तान के हर घर में आतंकी सगठनों की जड़ें पसर चुकी है तो हमें पूर्ण विराम की ओर जाते हुए उनसे राजनैतिक रिश्ते ख़त्म कर देने पर विचार करना होगा | आधुनिक विश्व परिमंडल में सिर्फ़ बंदूक के बल पर सरकारें नहीं चल सकती | अगर अफ़ग़ानिस्तान में ज़्यादा हालात बिगड़े तो उन्हें भी आर्थिक प्रतिबंधों का शिकार होना होगा | उसपर हिंसक विधाओं पर विश्वास रखनेवाले लोगों को भी गंभीर परिणाम भुगतने के लिए तयार रहना होगा |

शाश्वत मार्ग

अमेरिका भले ही वहाँ से अपने आप को समेट ले और अन्य कोई देश ख़ुद को वहाँ उलझन में डाले; प्रक्रिया जहाँ से शुरू हुई थी वहीं पर आकर ख़त्म हो गई है | सवाल यह पैदा हो रहा है अब शुरू करें भी तो कहाँ से, लोगों को विश्वास में लेने की कोई सकारात्मक प्रक्रिया क्या हो सकती| एक उपाय यह भी हो सकेगा कि स्थानीय उद्यमियों को वहाँ के संसाधन और उद्योग प्रक्रिया से जोड़े जाएँ | जिस प्रकार के उद्योग धंधों में लोगों को रूचि है और जन मानस का रुझान है, उसी उद्योग धंधों से रास्ते निकालने का प्रयास करना उचित होगा | संस्कृति को थोपे जाने से समाधान सूत्र मिलने के बदले उलझनें बढ़ने की संभावना ज़्यादा है | हमें भी इस्लाम के कुछ विषयों पर आस्था और विश्वास रखते हुए उस धर्म -मत से वास्ता रखनेवालों के लिए कौमी एकता लाने के लिए प्रयास करते हुए विकास मुखी समाज निर्माण हेतु उन्हें प्रोत्साहित करना होगा |

किसी आतंकी संगठन को ख़त्म करने के लिए अन्य किसी आतंकी संगठन को खड़ा करना और उस संगठन का पोषण करना - यह होई विज्ञान मनस्क आधुनिक प्रबंधन का हिस्सा नहीं हो सकता | इस स्पर्धात्मक जंग को विराम देते हुए राष्ट्र संघ को रचनात्मक निर्णय लेते हुए अफ़ग़ानिस्तान के सिर के उपर से हिंसा और प्रपंच का साया हटाना होगा |

भारत की भूमिका

एक कमजोर देश दूसरे किसी कमजोर देश की पीड़ा को समझ सकता है, समाधान सूत्र भी तलाश कर सकता है और उन समाधान सूत्र पर अमल भी कर सकता है पर जंग के मैदान में नहीं उतर सकता है | भारत और अफ़ग़ानिस्तान के विषय में भी यह सच है; अफ़ग़ानिस्तान को भी पता है कि भारत की कमजोर नसों को समय समय पर दबाते रहना चाहिए; मुद्दा कश्मीर से जुड़े वैश्विक समस्या के बारे में है | भारत से दीर्घ सूत्री सहायता पाने की उम्मीद भी है, अतः मैत्री के रास्ते ही तलाशे जाएँ, न कि दुश्मनी के | अन्य देश भी भारत के रुख का इंतजार कर रहे हैं और यह भी मान रहे हैं कि समझदारी के साथ कदम बढ़ानेवालों के साथ ही कदम ताल में मेलबंधन करते रहना होगा; न कि जंगबाज किसी मुल्क के साथ | नागरिकों का निकाला जाना सिर्फ़ एक अंतर्वर्ती समय के मुताबिक वक़्त की नज़ाकत को दिखते हुए उठाया गया कदम है |

आगे क्या ?

परिस्थितियाँ जो भी हो, जंग की आग सन १९४५ से ही निरंतर सुलगती रही है | कोई भी विकसित देश जागतिक मानवीय मूल्य के आधार पर अपने ज़िम्मेदारियों से इनकार

नहीं कर सकता | उनकी भूमिका को दो स्पष्ट ध्रुवों में केन्द्रीभूत होते हुए देखा जा रहा है | इसबार केंद्रीय भूमिका में राशिया और अमेरिका को न देखते हुए हम चीन का स्थानांतरण राशिया से कर सकेंगे | भले ही परिस्थिति स्पष्ट न होते हों पर भीतर ही भीतर उनके पनपने का और विश्व परिमंडल को प्रभावित करने का समीकरण कागज़ी योजना से निकलकर विश्व परिमंडल में सन्दर्भित होने लग गया है | सत्ता और क्षमता के विश्व समीकरण में आतंकी संगठन सिर्फ़ मोहरे का काम करेंगे | उन्हें कुछ ख़ास हासिल हो जाएगा ऐसी मान्यता रखने का कोई औचित्य शायद ही सन्दर्भित हो पाए | सबको अपने नागरिकों के लिए आमदनी के श्रोत तलाशने और उन्हें खुशहाल रखने का का सवाल है | इस उद्देश्य की पूर्ति के लिए ही संस्थाएँ और संगठन आपस में लड़ रहीं हैं | इन सबको साम्य और भाईचारे के रास्ते से मीलों दूर टहलते हुए देखे जा सकेंगे | भारत भी कुछ हद तह द्विविधा की स्थिति में है, और उसे अपनी कमजोर नसों को बचाते हुए आगे बढ़ना होगा |

आयुर्वेद या एलोपैथी !

इन दिनों अख़बारों और संचार माध्यमों के ज़रिए यह अक्सर सुनने में आ रहा है कि गिने चुने कुछ चिकित्सकों ने किसी आयुर्वेदाचार्य के बारे में कुछ शिकायतें लेकर अदाअलत पहुँच गये । यहाँ तक तो ठीक ही था, किसी वैयक्तिक मत को आधार मानकर लड़ पड़ने की तमन्ना रखने वालों को ईश्वर इतनी समझ ज़रूर दिया होगा कि स्थान, काल और पात्रता की विवेचना करते हुए वो इतना तय कर सकें कि किसके साथ कौन तुलनीय है । भला अतुलनीय के सामने हम कहीं खड़ा हो सकेंगे ! इसी क्रम में हम यह भी विवेचना करने का प्रयास करेंगे कि आख़िर कौन कौन सी परिस्थितियों में दो विधाओं में हम तुलना कर पाएँगे । हमें यह भी समझना होगा कि वो कौन कौन से नियामक हैं जहाँ हम अपने समुदाय के प्रति उत्तरदायित्व का बोध रखते हुए समन्वय के मार्ग से समस्या का समाधान सूत्र निकालने हेतु तत्पर हो जाते हैं; और एक ऐसी विधा में और अधिक तत्परता रहेगी जहाँ जीवन - मृत्यु का समीकरण बनता हो । इस संसार में कोई भी

सर्वशक्तिमान के वजूद और गरिमा का मुकाबला नहीं कर सकता , चाहे वो कितना ही पढ़ा लिखा और कितना ही होनहार क्यों न हो ! अब इस सीमांकन को समझने का प्रयास करते हुए हम ज़रूर समन्वयवादी होने का प्रयास करते हुए निरंतर आगे बढ़ने का प्रयास करना पसंद कर पाएँ |

आयुर्वेद की मान्यता और सीमाएँ

आयुर्वेदाचार्य तीन दोषों (वात, पित्त और कफ) को रोगों का कारण मानते हैं, और इन तीन दोषों के संतुलन को आरोग्य | यह आयु का ज्ञान कराने वाला विज्ञान है | अर्थात किस आयु में कौन कौन से कार्य किए जाने चाहिए और कौन कौन से कार्य वर्जित होंगे | यह स्वस्थ एवं आतुर दोनों प्रकार के व्यक्तियों के लिए निदान तंत्र देने का विज्ञान भी है | इस सर्वांगीण चिकित्सा प्रणाली के अंतर्गत व्यक्ति के शारीरिक, मानसिक तथा शारीरवृत्तीय संतुलन ला पाना संभव हो सकेगा | यह चिकित्सा प्रणाली नैसर्गिक भी है, क्योंकि इसमें इस्तेमाल होने वाले घटक प्रकृति से ही प्राप्त किए जाते हैं | अधिकांश क्षेत्र में भोजन और नित्य क्रियाओं के ज़रिए ही निदान तंत्र विकसित

करते हुए व्यक्ति को स्वस्थ और निरोगी रह पाने का उपाय समझाया जाता है |[i]

इस विज्ञान के समृद्धि का आकलन इस बात से भी लगाया जा सकता है कि करीब २,५०० सूत्र के माध्यम से इस विज्ञान में जल चिकित्सा, तैल चिकित्सा, शल्य चिकित्सा, नाड़ी शुद्धि, प्राणायाम, योगाभ्यास, आधुनिक चिकित्सा, विशल्यकरनि, सदृश चिकित्सा(होम्योपैथी) आदि से जुड़े तत्वों का समावेश कुशलता पूर्वक बहुत पहले से ही हो चुका था | विष का उपयोग करके व्यक्ति को विषमुक्त करने का विज्ञान भी काफ़ी पुराना है | इस दृष्टि से चरक शुश्रुत आदि वेदचार्यों से जुड़े तथ्यों को अधिक खंगालने की आवश्यकता शायद ही हो | हम इतना तो जानते ही हैं कि सभी आयुर्वेदाचार्य संत का जीवन ही व्यतीत करते थे |[ii]

आयु के बारे में भी अओर्वेद में हमें एक व्यवस्थित विवरण मिलता है | आयु के प्रमुख चार प्रकार भेद को आयुर्वेद में मान्य किया गया:

१. सुखायु -- किसी प्रकार शारीरिक, मानसिक या शारीरवृत्तीय विकार से रहित धन-धान्य आदि से समृद्ध व्यक्ति की आयु |

२. दुःखायु -- सुखायु के विपरीत परिस्थिति का सामना करने वालों की आयु |

३. हितायु -- स्वास्थ्य, साधन आदि से संपन्न होते हुए या उनमें से किसी एक की किंचित कमी की परिस्थितियों को नज़र अंदाज करते हुए लोक हितार्थ जीवन जीने वालों की आयु |

४. अहितायु -- हितायु के विपरीत परिस्थितियों का सामना करने वालों की आयु |

आयुर्वेद के मान्यताओं और शोध क्रियाओं के अनुसार सारे शरीर में ३०० अस्थियां, तथा संधियाँ (ज्वाइंट्स) २००, स्नायु (लिंगामेंट्स) ९००, शिराएं (ब्लड वेसेल्स, लिम्फॉटीक्स ऐंड नर्ब्ज़) ७००, धमनियां (क्रेनियल नर्ब्ज़) २४ और उनकी शाखाएं २००, पेशियां (मसल्स) ५०० (स्त्रियों में २० अधिक) तथा सूक्ष्म स्रोत ३०,९५६ हैं। यह तथ्य आयुर्वेद के वैज्ञानिक आधार को ही दर्शाता है |

हेतु ज्ञान, लिंग ज्ञान और औषधि ज्ञान के तीन स्कंधों पर ही आयुर्वेद का विज्ञान टिका हुआ है | रोग के कारणों का अनुसंधान (हेतु ज्ञान), उसके लक्षणों के बारे में भली भाँति पड़ताल (लिंग ज्ञान) और संबंधित औषधियों और निदान प्रणाली खोजना (औषधि ज्ञान) ही आयुर्वेदाचार्य के लिए अहम

होता है | इन तीनों प्रक्रिया से उन्हें अवश्य ही हर परिस्थिति में गुज़रना होता है |

आहार विहार या औषधि का प्रयोग निम्न वर्णित विधि में से किसी एक विधि के अंतर्गत किया जा सकेगा,:

१. हेतु के विपरीत;

२. व्याधि, वेदना या लक्षणों के विपरीत;

३. हेतु और व्याधि दोनों के विपरीत;

४. रोग के कारण के समान होते हुए भी उसके विपरीत कार्य करनेवाले ;

५. रोग या वेदना को बढ़ानेवाला प्रतीत होते हुए भी व्याधि के विपरीत कार्य करनेवाले ;

६. कारण और वेदना दोनों के समान प्रतीत होते हुए भी दोनों के विपरीत कार्य करनेवाले

परिस्थितियों के मुताबिक आहार विहार और औषधि प्रयोग करने का नियम अपनाया जाता रहता है | इस चर्चा से यह भी पता चल रहा है कि सबके सब आयुर्वेदाचर्य मूर्ख हैं और वैज्ञानिक समझ से परे हैं, ऐसा कह पाने का कोई ठोस आधार नही मिलेगा |

आयुर्वेद का विज्ञान इतना ही व्यापक है कि इसमें शल्य चिकित्सा, औषधि विज्ञान, मनोचिकित्सा, होम्योपैथी आदि से जुड़े सभी वैज्ञानिक धारणाओं को समाया जा सकेगा | इसमें सभी प्रणालियों का ज़रूरत के मुताबिक इस्तेमाल करने की मान्यताएँ दर्ज है | अतः आयुर्वेद से जुड़ा विज्ञान आधुनिक होने के साथ साथ युगानुकूल भी है | यही कारण है कि पश्चिम के देशों में इसकी लोकप्रियता दिन प्रतिदिन बढ़ती ही जा रही है | आए दिन योग और प्राकृतिक चिकित्सा के नये नये केंद्र खोले जा रहे हैं | आयुर्वेदाचार्य स्वाभाव से ही संत प्रकृति के होने के कारण उन्हें किसी प्रमाण पत्र या मान्यताओं की आवश्यकता शायद ही हो | फिर भी कई देश में और आधुनिक समाज में इस शास्त्र के लिए विशेष अध्ययन केंद्र खोले जा रहे हैं |

एलोपैथी की मर्यादा

मानव समाज में प्रगति के साथ साथ शल्य चिकित्सा और औषधि विज्ञान के क्षेत्र में कुछ प्रगती होते रहे और निदान तंत्र में मशीनों का उपयोग बढ़ता चला गया | प्रदूषण आदि की समस्या के कारण विविध प्रकार के रोगों की पहचान भी होती

रही | आज एक ऐसी परिस्थित का निर्माण हुआ है जहाँ व्यक्ति चाहते हुए भी ज़हरीले रसायनों और प्रदूषणों से छुटकारा नहीं पा सकता | आसपास की हवा भी ज़हरीली होती चली जा रही है | चिकित्सकीय अनुसंधान रोग निदान तंत्र विकसित करने के साथ साथ ऐसे ऐसे औषधियों को उपयोग में लाने के लिए प्रेरित होते चला जहाँ तुरंत में राहत मिल सके और छोटे मोटे स्वास्थ के नुकसान को दूसरी दवा से ठीक किया जा सके | संपूर्ण चिकित्सा प्रणाली से हटकर इस विज्ञान को अलग से हम एलोपैथी के नाम से प्रचलित होता हुआ देख सकेंगे |

इस विज्ञान की अपनी मर्यादा है |[iii] इसमें एक चिकित्सा विज्ञान के विद्यार्थी को उतना ही सिखाया जाता है जितना कि उन्हें रोग निदान, संबंधित औषधि और तत्संबंधित जटिलताओं का ज्ञान करा दिए जा सकें | जाहिर सी बात है कि हम किसी भी चिकित्सकीय प्रणाली द्वारा प्रमाणित चिकित्सक से संपूर्ण सवस्थ और रोग मुक्त होने हेतु परामर्श पाने की उम्मीद रख भी नहीं सकते | इस विज्ञान का क्षेत्र इतना विस्तृत हो चला है कि हमें अपने शरीर के अलग अलग अंग तंत्र के लिए अलग अलग चिकित्सकों से निदान तंत्र विषयक विमर्श करना होगा | हृदय रोग विशेषज्ञ फेफड़ों में पानी जमने का निदान नहीं देना चाहेंगे | कुछ परिस्थितियाँ

ऐसी भी हैं जहाँ आधुनिक चिकित्सा विज्ञान में ठोस कोई इलाज है ही नहीं ; जैसे कि हृदय रोग, उच्च रक्त चाप, मधुमेह आदि | ऐसी परिस्थितियों में जीवन भर दवा लेते रहने का परामर्श दिया जाता है |

चिकित्सकों के कौशल्य विषयक मर्यादा

सभी चिकित्सक एक जैसे कुशल नहीं होते हैं ; यह एक नैसर्गिक घटना ही है | कुछ लोगों ने चिकित्सा विज्ञान को एक धन कमाने का उत्तम मार्ग बना लिया है और अन्य कुछ लोग सेवा भाव से ओत प्रोत होकर चिकित्सा विज्ञान के क्षेत्र में कदम रखते हैं | जाहिर सी बात है, उनका चिकित्सकीय कौशल उनकी बुद्धि और मानवीय मान्यताओं के मुताबिक ही तय होता रहेगा | अतः उस संप्रदाय में हमे सुर - असुर का दर्शन तो होगा ही | इसी लिए समाज में एक मान्यता चल पड़ती है : फलाना चिकित्सक बहुत अच्छा है और दूसरा चिकित्सक बिल्कुल ही अच्छा नहीं है , फलाने अस्पताल की व्यवस्था अच्छी है, आदि | दूसरा एक विषय है चिकित्सकों का घमंड से ग्रसित हो जाना | घमंड से ग्रसित हो जाने के कारण ही मरीजों के साथ सही तरीके से पेश नहीं आ पाते हैं

और निदान प्रक्रिया में ग़लतियाँ कर बैठते हैं | उनको इस बात का अंदाज़ा बाद में लगता है कि उनकी ग़लती किसी की जान लेने के लिए काफ़ी हो सकता है |

तुलनात्मकता का विज्ञान

कभी भी हम किसी भी प्रकार की तुलना करने जाएँ तो उसमें सबसे पहले हमें उन पहलुओं पर ध्यान केंद्रित करना होगा जिसके ज़रिए कम से कम इतना पता लगाया जा सके कि जिनके बीच हमें तुलना करना है उनमें उद्देश् पूर्ति के कुछ समदर्शी मानक हैं भी या नहीं | इसी विषय को अमल में लाते हुए हम आयुर्वेद और एलोपैथी की तुलना किसी भी हालत में नहीं कर सकते | हम यह भी उम्मीद नहीं रख सकते कि कोई चिकित्सक अपने सीमित दायरों में रहते हुए किसी योगाचार्य और संत महात्माओं से बहस में उलझते रहे | दोनों में से एक व्यक्ति को पूरब की दिशा में जाना है तो दूसरा व्यक्ति पश्चिम मार्ग का राही है | एक व्यक्ति लोगों को जीवन जीने की कला बताना चाहेगा तो दूसरा व्यक्ति किसी ख़ास रोग से तुरंत छुटकारा पाने का आधा अधूरा उपाय बताना चाहेगा |

तुलना ऐसे भी नहीं की जा सकती, क्योंकि एलोपैथी को आयुर्वेद का ही एक हिस्सा माना जा रहा है जिसके अंतर्गत ज़रूरत पड़ने पर औषधि उपयोग में लाने का प्रावधान स्वीकृत है ; पर हमेशा औषधि लेते रहने की मान्यता को खंडित की जाती है | रोग से छुटकारा पाने के लिए मरीज को मदद करने के विज्ञान से ओतप्रोत होने के कारण आयुर्वेद को विकसित देशों में अधिकाधिक लोकप्रियता मिलती जा रही है |

जनता जनार्दन की पीड़ा

जनता जनार्दन इस बात को लेकर शंकित रहता है कि अगर मानें भी, तो किसकी बात मानें | चिकित्सा जगत में काम करने वालों को भारी कीमत अदा करके सक्रिय रखा जाता है | उसपर भी यह आम बात हो चली है कि उन चिकित्सकों को जिस समय जहाँ होना चाहिए वहाँ उन्हें ढूँढ पाना अपने आप में एक कठिन कसरत है | कम शब्दों में कहा जाय तो लोगों की कमज़ोरी का लाभ उठाकर कुछ चिकित्सक दोगुने, और कभी कभी कई गुने, मात्रा में समाज से पैसे उठा लेते हैं | उन्हें इस बात की चिंता कभी शायद ही रहती हो कि मरीज के परिजन किस परिस्थिति में धनराशि का इंतज़ाम करते होंगे | ऐसी भी

बात कभी कभी सुनने और देखने में आती है कि लाखों रुपये खर्च करने के उपरांत परिजन का मृत शरीर ही घर पर आता है | इस बात से भी इनकार नहीं किया जा सकता कि चिकित्सा व्यवसाय से जुड़े लोगों का प्राथमिक ध्येय भरपूर पैसा कमाना हो गया है ; चिकित्सकीय गुणवत्ता और सुविधाओं में दायत्वशीलता का मानक उसके बाद रखा जाने लग गया है | यह भी एक कारण है जिसके लिए खोजी वृति रखनेवाले समुदाय अब परंपरागत चिकित्सा प्रणाली को पौराणिक किताबों और पुराणों से निकालकर सर जमीन पर मूर्त रूप देने में लग चुके हैं | उनके इस प्रयास से जिनको डर लगता होगा वे ही बिना कुछ समझ बूझ रखते हुए उनका विरोध करने पर उतरने लगेंगे |

कोरोना काल में हमें एक ऐसी दवा के बारे में जानकारी मिली है जिसकी सफलता मात्रा बहुत अधिक मानी जा रही है | इसको बनाने में आयुर्वेद की मान्यताओं और विधाओं का ध्यान रखा गया है | यह एक ऐसी दवा है, जो मानव शरीर में कार्यरत प्रतिरक्षा तंत्र को मजबूत करने का काम करती है। यह आयुर्वेदिक प्रथम श्रेणी की दवाओं और जड़ी बूटियों का एक बहु-दवा संयोजन है। शोध कर्ताओं का मानना है कि यह दवा एक प्राकृतिक एंटीबायोटिक की तरह काम करता है और संक्रमण, फ्लू और दर्द से लड़ता है। आयुर्वेद और एलोपैथी के

जोड़ से सफलता मिल पाने का कई ज्वलंत उदाहरण हमें निरंतर ही मिलते रहते हैं | [iv]

शंका निरसन

अगर किसी योगाचार्य या किसी चिकित्सक को समाज में सफलता मिलती है तो इतना तो मान लेना होगा कि जनता जनार्दन के बीच उनकी सराहना होती होगी | कोई दवा या किसी निदान तंत्र की व्यवस्था पर अगर सवाल खड़े किए जाते होंगे तो उस विषय में भी इतना तो मान्य करना ही होगा कि लोगों को उस तंत्र में निहित दुष्परिणामों की जानकारी मिली होगी | बात यहीं नहीं थम रही है, आज के सूचना प्रौद्योगिकी काल में किसी भी व्यक्ति से कोई भी रहस्य छिपा हुआ नहीं है | अरबों रुपये खर्च करके विदेश जाकर इलाज कराकर आने की आकांक्षा रखने वालों को उन देशों में प्रचलित चिकित्सा प्रणाली का दर्शन कोरोना काल में हो ही गया होगा |

प्रकृति द्वारा नियोजित सीमित सांसाधनों के दायरे में रहकर सतत कार्यशील रहने की तमन्ना लिए जो समुदाय अपने यहाँ व्यवस्था कायम रखने की इच्छा रखते हैं उनके लिए ज़्यादे दिन तक धरती पर टिके रहने की संभावना प्रबल है, न कि

उनके लिए जो कुछ सोच विचार किए बिना मोहांध होकर प्रकृति का दोहन करते रहें | यहाँ फिर से उस सत्य को दोहराना उचित होगा जिसके बल पर हम यह मान्य करते हैं कि नैसर्गिक चिकित्सा प्रणाली उस आयुर्वेद का ही हिस्सा है | हम मानें या न मानें, कुछ न कुछ विधियों के अंतर्गत हम सभी आयुर्वेद चिकित्सा प्रणाली के किसी न किसी प्रक्रिया या तत्व का अभ्यास तो करते ही हैं | कोई ध्यानस्थ व्यक्ति जब अपने प्राण वायु को नियंत्रण में रखने का प्रयास करता है तो वह आयुर्वेद में वर्णित प्राणायाम के किसी एक विधा का अभ्यासी तो हो ही जाता है, भले ही अपने उस कृति का वह व्यक्ति अपने समझ और संस्कृति के मुताबिक कोई दूसरा नाम दे दे | हम सभ्यता में आदि होने के साथ साथ भले ही कुछ कारनामों से आधुनिक हुए हों, पर हमारा शरीर और उसके अंतर्गत अंग तंत्र आधुनिक नहीं हो पाया है और न ही उसमें कोई विवर्तन आया है | अतः किसी चिकित्सा प्रणाली के नयेपन और पुरानेपन का विज्ञान भी सत्य की कसौटी पर खरा नहीं उतरेगा | हमारे मान लेने से या फिर हमारे विरोध करने से उत्तम चिकित्सा प्रणाली को दाग लगेगा, यह मान लेना भी अपनी नादानी ही समझी जाएगी | किसी परिपक्व बुद्धि और समझ रखने वाले किसी अग्रज की सोच इस प्रकार की हो ही नहीं सकती |

किसी को आयुर्वेद की वकालत करने की आवश्यकता नहीं है, और न ही आयुर्वेद किसी के वकालत की अपेक्षा रखता है | यह तो दिन प्रतिदिन समृद्ध होते रहने वाला विज्ञान है | बल्कि यूँ कहा जा सकता है कि यह विज्ञान सबके सीखने लायक उत्तम कोटि का एक विज्ञान है | इसकी सीख से हम खुद के जीवन को भली भाँति संवार सकते हैं और व्यक्ति जीवन के साथ साथ समाज जीवन में भी सफलता और प्रगती का दर्शन कर सकेंगे | हमें इस बात के लिए भी किसी का इंतजार नहीं करना है कि कोई समूह हमारे हुनर और कौशल्य के लिए हमें पुरस्कृत करे या फिर हमें प्रमाणपत्र से सम्मानित करे | जीवन जीने की कला अपने आप में जीवन को सजाकर और संवारकर हमें पूर्ण रूप से समृद्ध करता चलेगा ऐसा दृढ़ विश्वास हमें रखना ही होगा |

सर्वोपरि हमें यह भी प्रतीत हो रहा है कि आयुर्वेद और एलोपैथी में सही सामंजस्य ला पाने की स्थिति में सफलता की मात्रा का बढ़ना भी अनिवार्य ही होगा; यह भी हमें समझना होगा कि किसी एक विधा की कमज़ोरी को दूर करने के लिए किसी दूसरे निदान तंत्र और औषधि विज्ञान का सहारा लिया जा सकता है |

आरोप प्रत्यारोप का क्रम एक ऐसा क्रम है जिसके बीच से सफलता की ओर जाने लायक कोई मार्ग है ही नही, अतः हम

ईश्वर से यही निवेदन करना चाहेंगे कि हमारे समझदारी के क्षेत्र का निर्माण होने के साथ साथ हम और ज़्यादा दायत्वशील होते हुए तथा जनता जनार्दन को संकट से उभार पाने लायक एक साझी कार्य कौशल का निर्माण करते हुए विश्व पटल पर अग्रज की भूमिका ले सकें, इतना आत्मबल हमें मिले | | यह वक्त की ज़रूरत भी है और समय की माँग भी |

[i] "आयुर्वेद में स्वास्थ्य लक्षण एवं आयु". मूल से 24 मार्च 2019 को पुरालेखित. अभिगमन तिथि 15 अगस्त 2019.

[ii] "Ayurvedic concept of life". मूल से 2 अप्रैल 2019 को पुरालेखित. अभिगमन तिथि 15 अगस्त 2019.

[iii] आयुर्वेद एवं एलोपैथी : एक तुलनात्मक विवेचन Archived 2018-06-15 at the Wayback Machine (संजय जैन)

[iv] सरकार द्वारा संचालित अखिल भारतीय आयुर्वेद संस्थान (आया) के प्रमुख ने कहा है कि इस अस्पताल ने चिकित्सा की दोनों पद्धतियों को लागू करके कम से कम 600 कोविड रोगियों का सफलतापूर्वक इलाज किया है | आयुर्वेदिक फार्माकोलॉजी में एमडी प्रो. नेसारी ने पीटीआई-भाषा को बताया, '94 प्रतिशत से अधिक रोगियों को शुद्ध आयुर्वेदिक उपचार प्रदान किया गया था, लेकिन जरूरत पड़ने पर भारतीय चिकित्सा अनुसंधान परिषद के दिशानिर्देशों के अनुसार एलोपैथी का उपयोग किया गया था. यही हमारी सफलता का कारण है... हमने एक समग्र और एकीकृत दृष्टिकोण अपनाया है.'

श्रोत: हिन्दी समाचार माध्यम (न्यूज़ १८)

तीसरी शक्ति

भारतीय भूमि पर विदेशी मूल की शक्तियों और आतंकी गुटों का आक्रमण का इतिहास काफ़ी पुराना है | आर्य महाभारत काल के बाद से ही यह सिलसिला चलता चला आ रहा है | भारत में विदेशी शक्ति अनुप्रविष्ट कर पाने के लिए बाहरी लोगों की शक्ति, समझदारी और सूझ-बूझ का ज़्यादा बखान करने से अधिक महत्व का और समझदारी का काम होगा यदि भारतीय मूल के जनपदों के बीच व्याप्त आपसी रंजिशों और परस्पर दुश्मनी विषयक मुद्दों पर चर्चा करें | हम यह भी पता लगाने का प्रयास करें जिसके कारण आर्यावर्त के जनपद क्रमशः कमजोर होते चले गये |

तीन गज भूमि

कहा जाता है विश्व विजय के अभियान पर निकलनेवाले सिकंदर के सामने सबसे बड़ी बाधा और सबसे तीव्र प्रतिबंध

खड़ा करनेवाले योद्धा भारतीय ही थे | जब सिकंदर की सेना भारत भूमि से वापस जाने का मन बना लिया उस समय की एक घटना सम्राट को काफ़ी विचलित कर रहा था | उन्होंने देखा कुछ गिने चुने साधु महात्मा एक अजीब अंदाज में बगल की ओर उछल उछल कर ज़मीन का परिमाप लेते हुए जा रहे हैं | उनसे उनके ऐसा करने का कारण पूछा गया | उनका कहना था कि वे अपने लिए ज़रूरत की ज़मीन तलाश रहे हैं; मरने के बाद इंसान का सबकुछ खो जाता है, सिर्फ़ शरीर का अंतिम सत्कार करने के लिए एक टुकड़ी ज़मीन ही चाहिए; उतनी ही ज़मीन पर व्यक्ति अपना हक मान सकेगा | परिस्थितियाँ अगर विपरीत हो तो शायद वो ज़मीन भी नसीब न हो !

इस घटना से सिकंदर के अपने विश्व विजयी होने और सभी ज़मीनों पर हक जताने जैसे अभिमान को भारी धक्का लगा | उन्हें भी लगने लगा कि उनके मृत्यु के बाद शायद उनके साथि गण ज़रूरत की ज़मीन जुटा पाएँ या नहीं! इस बात से भी इनकार नहीं किया ज सकता कि जा सकता कि जंग के कुछ भी अंजाम हो सकते हैं : हार या फिर जीत | जंग में हार और जीत दोनों परिस्थितियों का विचार करते हुए व्यक्ति को भविष्य योजनाएँ बना लेने चाहिए | इस घटना के बाद सिकंदर के मन में काफ़ी उथल पुथल चलता रहा |

जड़ों की मजबूती

भारत से वापसा जाने की स्थिति में सिकंदर के मन में इस बात को लेकर धारणाएँ बन चुकी थी कि भारत भूमि को जीत पाना सबके लिए संभव नहीं है | अपने साथियों से विमर्श करते हुए उन्होंने कहा था , "भारत भूमि में तीन प्रकार के लोग रहते हैं; कुछ लोग ऐसे हैं जिन्हें प्रतिष्ठा की भूख है, कुछ और लोग ऐसे हैं जिन्हें रुपया - पैसा, धन संपदा पाने की इच्छा है | कुछ और लोग ऐसे भी हैं जिन्हें न तो प्रतिष्ठा चाहिए और न ही धन संपदा ,उन्हें सिर्फ़ अपने भक्तों का कल्याण करना है और सबको सुखी देखना है | यही तीसरी शक्ति भारत भूमि को समृद्ध और बलशाली बनाए रखा है | अगर हमें भारत भूमि पर राज करना है तो इस तीसरी शक्ति को विश्वास में लेना होगा और योजनाओं को कार्यान्वित करना होगा |"

इस तीसरी शक्ति के समझ बूझ, रचानधर्मिता और क्रिया कौशल से उस समय के राज नेता भली भाँति परिचित भी थे | इस शक्ति की अनदेखी करने के परिणाम स्वरूप ही धन नंद को अपना राज पाठ समेटना पड़ा और पंडितों के प्रकोप का शिकार होना पड़ा | वही संघ शक्ति और विचार शक्ति के बल पर आचार्य चाणक्य एक स्वर्णिम भारत और एक कुशल राजा का निर्माण कर पाए | उनके अथक परिश्रम का ही नतीजा था

कि अखंड भारत के मानचित्र को कुछ हद तक आकलित कर पाना संभव हो पाया | जिन उपद्रवी तत्वों ने तक्षशिला विश्वविद्यालय में सुरक्षित पोतियों को जलाया उन्हें लगा कि अब भारात में पनपनेवाली तीसरी शक्ति का अंत हो ही जाएगा | पर ईयसा समझ लेना उनकी एक ऐतिहासिक भूल थी |

राज घरानों की नाकामी और आपसी रंजिश के लिए भारत को समय समय पर विदेशी आक्रमण का शिकार होना पड़ा ; हमारे आखरी पांडव पृथ्वीराज चौहान के साथ भी कुछ ऐसा ही हुआ | उनके ही पड़ोसी राज्य के लोग उनके खिलाफ साजिस में सम्मिलित हो गये | पर बहुत जल्द ही उन्हें (जयचंद और विजयचंद) अपनी ग़लती का भान हो गया ; पर तबतक काफ़ी देर हो चुकी थी | एकता न रख पाने के कारण भारत को अपनी अखंडता से फिर हाथ धोना पड़ा | अँग्रेज़ी और इस्लामी दोनों संस्कृति के आगमन से भारत के स्वरूप में भी एक समानांतर परिवर्तन आया और एकता के नये मंत्र से भारत के लोग ओतप्रोत होते चले | यहाँ भी उसी तीसरी शक्ति की भूमिका के बारे में हम सिकंदर की बातों को याद कर सकते हैं | इतने कुचले जाने के बाद भी जहाँ के लोग अपनी संस्कृति को नहीं छोड़ते हैं वहाँ के लोगों का आत्मबल कैसा है इसके बारे में हम अपनी समझदारी भी रख ही सकेंगे | उस वलिष्ठ मानस पर हमें गर्व भी होगा |

सबसे सटीक तत्व देनेवालों में हम आचार्य विनोबा की बात करें, जिन्होंने सभी संस्कृति के सम्मेलन से पनपनेवाले राष्ट्रीयता और जागतिक मैत्री के संपर्क को संवर्धित होते हुए देखना चाहा | ब्रह्म विद्या के संकर्षन के साथ साथ उन्होंने भारत भूमि को स्नात करनेवाले सभी संस्कृति और धर्म मतों का स्वागत करते हुए मानव मात्र के लिए जागतिक मैत्री के मंत्र को कल्याणकारी और युग परख तत्व माना |

स्वार्थ त्याग की संस्कृति से ही परमार्थ सधेगा; यह कई बार कई रूप में साबित होता आया, आगे भी ऐसा होता आएगा | विश्व के किसी कोने में अगर आतंकवाद और अलगाव की राजनीति पनपते हों तो हमें यह सोचना होगा कि उस परिस्थिति में हमसे क्या भूल हो गई | बंदूक ताने खड़ा रहना व्यक्ति का पहला काम नहीं हो सकता, या तो उसे बाहर से कोई सहयोग और साधन दे, या फिर बाहरी किसी तत्व के बहकावे में आकर किसी समूह का एक छोटा हिस्सा अपने ही लोगों पर गोलियाँ दागे | इस परिस्थिति से समुदाय के लिए कमज़ोरी और नाकामी छोड़कर और कुछ हासिल होने का अनुमान नहीं लगाया जा सकता | विश्व समुदाय क्रमशः एक ऐसी संघीय व्यवस्था के लिए काम कर रही है जहाँ कर्म प्रधानता को ही सर्वाग्र मान्य किया जाएगा, न कि मज़हबी या

जनजातीय पहचान को | जनजाति विषयक पहचान आनेवाले दिनों में शायद ही कोई पूछे !

कर्म प्रधान संस्कृति की ओर हम काफ़ी तेज़ी से जा रहे हैं | ऐसी परिस्थिति में हर व्यक्ति कुछ कर गुजरने की तमन्ना लिए एक स्थान से दूसरे स्थान की ओर जाने के लिए प्रयासरत रहेगा | कोई भी समूह व्यवस्था से वागवत तभी करने लगेगा जब उसे ऐसा भान होगा कि उसका स्वार्थ और परमार्थ साधित नहीं हो रहा है | ऐसी ही परिस्थतियाँ अन्य ठिकानों पर आतंकवाद और अलगाववाद पनपने के रूप में भी देखी जा सकेगी | किसी एक समूह के लिए जो आतंकवाद लगता हो किसी दूसरे समूह के लिए वो मुक्ति संग्राम भी लग सकता है | सरदार भगत सिंह हमारे लिए क्रांतिकारी हैं पर अँग्रेज़ी मूल के लोगों के लिए उन्हें आतंकवादी माना गया | मुक्ति संग्राम के नेता सुभाष बोस को अपने ही देश से छिपकर अन्य लोगों का सहयोग प्राप्त करने के उद्देश्य से जाना पड़ा | मित्र सेना की नज़र में उनका कारनामा गैर क़ानूनी था ; और भारत में अंग्रेज जो भी कर रहे थे उसके बारे में काफ़ी दिनों तक दुनिया चुप्पी साधे रही |

न्याय का चक्र

किसी राष्ट्र की सीमा में एक न्याय का चक्र चलता है : भले ही ये समाजतंत्र से चले या लोकतंत्र से, या फिर तानाशाही से | वैश्विक धरातल पर न्याय के चक्र के साथ साथ हथियार का चक्र भी चल पड़ा है | सवाल यह पैदा हो रहा है कि जानबूझकर भी लोग आग में कूदने के लिए इतना उतावलापन क्यों जाता रहे हैं ? भियतनाम, इराक़ के बाद अफ़ग़ानिस्तान में मात खाने के बाद भी जंगी सनक को उसके मूल स्वरूप में रखते हुए अमेरिका और अधिक घातक हथियार का प्रदर्शन करने लग गया | हमें यह भी सोचना होगा कि अमेरिका के लोग सचमुच ही करुणा के पात्र हैं; किसी राष्ट्र या समूह को देने के लिए हथियार छोड़कर उनके पास और कुछ है भी नहीं | कभी भारत को सस्ते में खाद्यान उपलब्ध करानेवाले इसी अमेरिका ने पाकिस्तान से युद्ध बंद न करने की सूरत में सहायता बंद कर देने की धमकी दे डाला था | अगर आतंकवाद को मिटाकर किसी देश को समृद्ध बनाने ही वो निकले थे तो उस देश में भारी मात्रा में हथियार क्यों जमा किया गया ? लोगों को उनके उद्योग धंधों से क्यों न जोड़ा गया ? क्यों उन्हें आपस में छोटे छोटे गुटों में लड़ने दिया गया ?

वृहत स्वार्थ

कहते हैं व्यक्ति जीवन में स्वार्थ को पूरी तरह छोड़ा नहीं जा सकता, पर इसके दायरे को ज़रूर बढ़ाया जा सकेगा | आज गंधार में बसने वाले लोगों को देखकर हमें पीड़ा हो रही है | क्यों न उन सभी समूहों को एक सूत्र में पिरोकार लोकतंत्र के रूप में उभरने के लिए प्रेरित किया जाय! क्यों न उन्हें करीब बिठाकर सभी प्रकार से लोक सत्ता कायम करने लायक व्यवस्था निर्माण करने के लिए तैयार किया जाय ! प्रश्न यह भी निर्माण हो सकता है कि इन सब विचारों को कह देना तो आसान है पर भली भाँति इसका पालन कर पाना काफ़ी कठिन है | यहाँ स्वार्थ त्याग की बात आ सकती है | कुछ लोग यह भी कहेंगे कि कई मुल्कों ने वहाँ बहुत पैसा खर्च किया; नतीजा ज्यों के त्यों! पैसा शायद बहा भी होगा तो पानी की तरह, आया और गया ; रास्ते में अगर खेतिहर ज़मीन आते होंगे तो थोड़ी हरियाली आ गई होगी | योजनाएँ बनें और उसमें स्थानीय लोगों का विचार बुद्धि न समा सके तो उसकी सफलता भी मुश्किल से ही देखी जा सकेगी | अमेरिका के बारे में भी कुछ ऐसा ही कह सकेंगे; खुद ही डब्बा भरकर खाना ले गये और खुद ही खा गये , उसमें से बचनेवाला एक आधा टुकड़ा वहाँ के लोगों को दे दिए होंगे | समाधान सूत्र तलाश करने के रास्ते में कई सरकार का आना और कई सरकार का विदा होना भी किसी विडंबना से कम न था |

भारत भूमि के बारे में यही सर्वमान्य हक़ीक़त है कि भारत के पास दुनिया को देने लायक बहुत कुछ है | सबसे बलिष्ठ और दूरगामी परिणाम देनेवाला है "तत्व और विचार", जिसके बल पर दुनिया को समृद्ध किया जा सकेगा | विचारवंत लोगों के ज़रिए ही ज्ञान की गंगा बहेगी, ऐसे ज्ञान के प्रकाश में ही लोग उद्यमी हो सकेंगे और उसी उद्यम के रास्ते धन और राष्ट्रीय पूर्णता को मूर्त होता हुआ देखा जा सकेगा |

संत विनोबा को हम एक आधुनिक विचारधारा का संत मान सकेंगे | उनके प्रयासों में सर्व समावेशक समाधान सूत्र रहता था | इस समाधान सूत्र के आधार पर ही उन्होंने संस्थाओं का स्वरूप उद्घाटन किया और व्यक्तिगत सत्याग्रह के अधिकारी बने | आज़ादी के समय जैसी परिस्थितियाँ बनी उसके मुताबिक ही उनके कारनामों को मूर्त होता हुआ देखा गया | उनका स्वरूप ही कुछ अंतर्मुखी विज्ञान के आधार पर चलता था |

एक और तपस्वी कुछ इस प्रकार ही थे जिन्होंने एक वृहत्तर अखंड भारत को और उसके स्वरूप को मूर्त होता हुआ देखना चाहते थे | हमें यह भी नहीं भूलना चाहिए कि ऋषि अरविंद के मन में अखंड भारत का सपना अचानक से नहीं आया था; बल्कि उन्होंने सांस्कृतिक, राजनैतिक और भौगोलिक जोगसूत्र को आधार मानकर भारतीय उप महाद्वीप को

एकीकृत होता हुआ देखना चाहते थे | उसी सर्व समावेशक एकसूत्र का हिस्सा गंधार भी था | उनकी कल्पना में सार्विक अध्यात्मिक और वैचारिक उत्कर्ष पाने का प्रयास करते हुए ही मानव को एक दूसरे से दूरियाँ कम करते हुए विश्वव मानव के रूप में उन्नत होना होगा | हम कभी भी अपनी आकांक्षाओं और मान्यताओं को अन्य समुदाय पर न थोपते हुए समन्वय की दृष्टि रखें और सहजीवन के मंत्र से ओतप्रोत होते हुए सार्विक प्रगती का मार्ग निकालें |

विकसित समुदाय कभी ऐसा सोचने की भूल न करे कि अन्य विकासमुखी समुदायों की अनदेखी करते हुए उनका समाधान सूत्र निकल जाएगा | हथियार बनाने वाले देशों को सदैव एक ही चिंता सताती है: अगर चारों तरफ अमन और चैन का माहौल रहेगा तब उनके हथियारों का क्या होगा | अमेरिका का यही प्रयास रहेगा कि अन्य सभी देशों को डरा धमकाकर अपना वर्चस्व कायम रखा जा सकेगा | सबको साथ लेकर चल पाने की मानसिकता से अगर उनका उत्थान नहीं हो पाया तो उन्हें अदूर भविष्य में और बड़ी कीमत अदा करने के लिए तैयार रहना होगा | यह विषय अन्य विकसित मुल्कों के बारे में भी समान रूप से प्रासंगिक होंगे | सवाल यह पैदा होता है कि क्या भारत इस स्पर्धा में कभी आ पाएगा, या फिर दो मुल्कों के बीच शाब्दिक जंग तक ही सिमटा रहेगा ? भारत ,

चीन और पाकिस्तान जैसे देशों को आपस में उलझाए रखनेवालों की एक ही मंशा है : एशिया के इस प्रांत में हथियार ही होड़ शुरू हो जाए और सभी देश उस स्पर्धा में बने रहने के लिए खर्च करें | उस सामरिक खर्च में से अन्य संप्रदाय और अलगाव पैदा करनेवालों को भी अपना गुज़ारा करने का मौका मिलेगा | इसे जड़ से समाप्त करने के लिए सामुदायिक स्तर पर महा सम्मेलन बनाते हुए समग्रता की दृष्टि रखते हुए समुदाय के सभी वर्गों को क्रियाशील रखना होगा ताकि अलगाव का पौधा जड़ें पसारने का प्रयास ही न कर पाए | हर एक विषय के लिए हमें विकसित देशों की ओर देखने की भी ज़रूरत नहीं हैं | तिजोरी भरनेवालों को सदैव ही तिजोरी खाली हो जाने का डर सताता है | उस डर से वे कुछ ऐसा कर बैठते हैं जिसका हमारे पास कोई व्याख्या नहीं है |

जैन मुनि आचार्य तुलसी कहा करते थे : सुधरे आदमी देश और समाज अपने आप ही सुधर जाएगा | जाहिर सी बात है , अगर आदमी अपने आदमीयत के मंत्र से कुशलतापूर्वक कार्य करे तो समाज का सुधारना तय है | हमें इसी लिए प्रयास उस समुदाय स्तर से ही करने की ज़रूरत है, ताकि समुदाय के सभी घटक खुद को इतना वलिष्ठ कर लें जिसके बल पर बाहरी शत्रु का डटकर मुकाबला किया जा सके | हिंसा का सहारा लेकर पनपनेवाले समुदाय भी अब यह समझने लग जाएँगे कि

बंदूक़ के बल पर ज़्यादा दूर नहीं चला जा सकेगा | सूचना तंत्र का जाल और समुदाय स्तर की समझ कहीं ज़्यादा बलशाली है और किसी भी देश या समुदाय की व्यवस्था को प्रभावित करने के लिए काफ़ी है | आर्थिक और वैचारिक गुलामी को ताक़त की गुलामी से कहीं ज़्यादा घातक समझना होगा |

आतंक का बुलबुला अगर किसी भी देश में ज़्यादे दिन तक पैर पसारता रहे तो उसके दुष्परिणाम भुखमरी, ग़रीबी, बेरोज़गारी और विपरीत मुखी प्रतिका रात्मक आतंकवाद के रूप में देखा जा सकेगा | आज हम एक ऐसी पतली लकीर के आधार पर बात कर रहे हैं जहाँ खाड़ी युद्ध और अफ़ग़ान युद्ध के औचित्य पर ही सवाल खड़े हो रहे हैं | कई देश आज भी विश्व मानचित्र पर मिलेंगे जहाँ तानाशाह का बादल मंडराता है | भारी रकम खर्च करके उन तानाशाहों को कुचलने के लिए अभियान चलाने के निर्णयों पर हमें पुनर्विचार करना होगा | अगर वैसी तानाशाही दुनिया को मंज़ूर नहीं है तो क्यों न उन्हें विश्व विरादरी से अलग कर दिया जाय | आज की स्थिति में कोई भी समूह ऐसा अलग थलग नहीं रहना चाहेगा, या नहीं रह सकेगा | जाहिर सी बात है कि उन तानाशाहों को अपने निर्णयों और आचारणों को दोबारा परखते हुए राष्ट्र को विश्व समुदाय का हिस्सा बनने लायक तैयार करना होगा |

मौके का फ़ायदा उठाना, किसी भी समुदाय की कमजोरी का लाभ उठाते हुए उनके अधिकारों का दोहन करना और परिस्थितियों को न समझते हुए किसी एकतरफ़ा निर्णय को अमल में लाना आदि विश्व शांति के मार्ग में सबसे बड़ी और प्रबल बाधाएँ हैं | इनको बढ़ावा देनेवाले तत्वों को निरस्त करना होगा, अपितु इन बाधाओं को दूर करते हुए विश्व नागरिकता के मंत्र से जनमानस को ओतप्रोत करना होगा | इस दीर्घसूत्री कार्य के लिए हमें वही तीसरी शक्ति पर भरोसा रखते हुए रणनीति बनाना होगा | तीसरी शक्ति, जिस ओर सम्राट सिकंदर इशारा कर चुके थे, भारत की तहज़ीब है; इसी तहज़ीब से विश्व बिरादरी को परिचित कराना होगा और हमें भी उस विधि को समझते हुए अपनी भूमिका तय करते हुए अग्रज के रूप में अवतरित होना होगा |

आतंक का बादल

अफ़ग़ानिस्तान का नाम आते ही हमें काबुलीवाला शीर्षक एक कहानी याद आ जाती है जिसमें रहमत को एक नेक, ईमानदार और सत्यवादी पठान के रूप में दिखाया गया था | रहमत कलकत्ता की गलियों में पेस्ता, बादाम, अखरोट आदि बेचता था

और एक सराइखाने में नेकी पर आधारित जीवन जी रहा था | झूठ और प्रपंच बर्दाश्त न कर पाने की अवस्था में एक स्थानीय व्यापारी से उलझ गया था | कभी ऐसा भी काल आया था जब अहमद शाह अब्दाली दिल्ली को खून से लाल कर दिए थे | मराठा जनजाति को तीसरी पानीपत से अब्दाली के हाथों बर्बादी के कराल ग्रास में आना पड़ा | दोनों के शक्ति परीक्षण का वह दौड़ मराठा जनजाति को काफ़ी ठेस पहुँचाया था | आज भी वहाँ के लोग उस जंग को शायद ही भूल पाते होंगे | वही अब्दाली अफ़ग़ानिस्तान में राष्ट्र निर्माता के रूप में पूजे जाते हैं ! कभी ऐसा भी काल आया जब अफ़ग़ान के साथ बड़े बड़े देशों की अशांति के कारण माहौल तनावपूर्ण रहता था |

अगस्त २६, २०२१ का वो समय जब काबूल हवाई अड्डे पर अपनी जान से हाथ धोने वालों को पहचाने जाने के लिए इधर उधर भागते हुए समूहों को देखा जा रहा था | इसका अनुमान हम बड़ी आसानी से लगा ही सकते हैं कि उन निरपराध लोगों पर क्या बीत रही होगी; कइयों को तो पहचाना ही नहीं जा रहा था |इस्लाम कट्टरपंथ का पनपना और अलग अलग नाम से जाने जाने का विषय एक ऐसी नियती है जिसके अंतर्गत आम नागरिक भी संकट में आ जाते हैं | विषय ऐसा भी सुनने में आता है कि कट्टरपंथ समुदाय किसी भी नाम से जाने जाते हों , हक़ीकत में उनका मूल एक ही है |

सन २००१ से अमेरिका और उसके साथी देश अफ़ग़ानिस्तान के अंदर इस बात के लिए उलझे रहे जिसके अंतर्गत अफ़ग़ान मूल के लोगों को आधुनिक संस्कृति का पाठ पढ़ाना था और उन्हें सुसंस्कृत बनाना था | अमेरिका के पहले वहाँ कई साल तक राशिया उलझे रहा | समाधान न मिल पाने के कारण राशिया ने वहाँ से खुद को अलग रखना उचित समझा | अमेरिका का रुख भी सकारात्मक रहा होगा, यह एक तर्क का विषय है | समस्या इस बात को लेकर भी हो रही है कि अमेरिका का दिया हुआ आधुनिक हथियारों पर तालिबान का नियंत्रण कैसे हो गया | जाहिर सी बात है कि उनके पास अधिक शक्ति का केन्द्रीभूत हो जाना एक नियति है | निरंतर जंग में उलझे रहने का ही नतीजा है किवहाँ के आम जनों का जीवन ग़रीबी से ग्रस्त होता रहा; परिस्थितियाँ सुधरने के बजाय और बदतर होती चली गई |

समस्या और गंभीर तब हो गई जब अमेरिका ने यह तय कर लिया कि अगस्त (२०२१)महीने के अंत तक उन्हें अफ़ग़ानिस्तान से निकल जाना है ; वही रिक्त स्थान था जिसे भरने के लिए सभी आतंकी संगठन कमर कसने लग गये थे | कई आतंकी संगठन आपस में भिड़ने भी लगे | तालिबान की पकड़ ज़्यादा होने के कारण उन्हें ज़्यादा ज़मीन मिलने लग गई |

लोगों को सिर्फ़ इस बात का भय है कि तालिबान का जो स्वरूप है , या उनका पिछला जो स्वरूप रहा है उसके कारण भी कई देश तालिबान को मान लेने के पक्ष में नहीं हैं | इस विषय में अंतर राष्ट्रीय समुदाय दो धूरियों में बँटते हुए देखा जा रहा है | १९९६ से २००१ के बीच अफ़ग़ानिस्तान में तालिबान हुकूमत के कारण जो अलगाव और आतंक का राज चल पड़ा था उसके कारण भी लोग इस संगठन पर भरोसा नहीं कर पा रहे हैं | ऐसी ही वृत्ति के कारण वहाँ से भारी संख्या में लोग निकलना चाह रहे हैं | तालिबान या उस प्रकार के अन्य संगठनों को परास्त करके वहाँ लोकतंत्र कायम करने के लिए अमेरिका उस देश में दाखिल हुआ | उनके सामने चुनौतियाँ कई थी, संकट भी गंभीर था, लोग कई गुटों में बँटे हुए थे | इस परिस्थिति में कई आतंकी संगठनों ने उस देश को अपना घर बना लिया | लोगों को भी लगने लगा कि अब शायद अफ़ग़ानिस्तान को एक आधुनिक राष्ट्र के रूप में देखा जा सकेगा | इस बात को धूमिल करते हुए वहाँ अगस्त २०२१ ख़त्म होते होते समस्याओं का अंबार लग गया |

कर्म कौशल

अपने भारतीय संस्कृति में कर्म कुशलता के बारे में ज़्यादा चर्चा होती है | ज़मीन से जुड़े लोगों को सुदृढ़ बनाने के माध्यम से किसी देश या समुदाय को सुदृढ़ बनाया जा सकता है | युद्ध संस्कृति के आदि संस्था और संगठन के लिए युद्ध संस्कृति का ही पोषण हो पाएगा; इस बात से हम कदापि इनकार नहीं कर सकते | यही कारण है कि आए दिन सभी शक्तिधर देश उस युद्ध संस्कृति में गोते लगा लगाकर थक जाते हैं और उस समुदाय को ज्यों का त्यों उनकी स्थिति पर छोड़ देते हैं | उनके प्रयासों और नियोजनों का एक ही आधार रहता है: आतंक का दमन उससे और भयंकर आतंक का प्रदर्शन करके किया जाय | ऐसा करते समय लोग यह भी भूल जाते हैं कि आतंक की भूमि पर ही हिंसा का बीज़ारोपण हो जाता है | इतना तो दावे के साथ कहा जा सकता है कि रोज़गार और उन्नत जीवनचर्या का मौका मिल जाने के बाद मौत का सौदा शायद ही किसी को पसंद आए |

प्रश्न इस बात के लिए भी निर्माण हो रहा है कि अमेरिका का इतना पैसा, इतना समय, इतना संसाधन और इतना प्रयास अफ़ग़ान की भूमि पर पूरी तरह विफल पाया गया | कई प्रयास तो भारत की ओर से भी किए जा रहे थे, उन सभी प्रयासों मे कई अरब रुपये खर्च भी हुए | उनके नागरिकों को

भारत लाकर यहाँ के महाविद्यालयों और उद्योग संस्थाओं में प्रशिक्षित करने का प्रयास भी आधा अधूरा साबित हुआ |

इतना तो हम भी समझ जाते हैं कि ज़्यादा पैसा खर्च करके किसी अन्य देश में दाखिल होनेवाली संस्था कुछ हासिल किए बिना वहाँ से वापस आना शायद ही मंजूर करे | अगर किसी देश की सेना को हम किसी आतंकी संगठन के सामने घुटने टेकते ऊए देख लें तो उस देश की व्यवस्था और तंत्रात्मक प्रणाली पर सवाल उठाए जा सकते हैं | सिर्फ़ इतना ही नहीं हम अमेरिका के कार्य प्रणाली और मंशा के बारे में भी आश्वस्त होना पसंद करेंगे | अमेरिका को लगता था कि और भी अन्य देश उसके साथ कंधे से कंधा मिलाकर अफ़ग़ानिस्तान में उसके सैन्य बहाली का समर्थन करते हुए उसे वहाँ बने रहने के लिए निवेदन करेंगे | ऐसा कोई सकारात्मक रुख़ न देखते हुए आख़िर वहाँ से मित्र सेना का हटाया जाना तय हो गया | शंका इस बात की भी जताई जा रही है कि अमेरिका के शत्रु पक्ष के कई नेता सिर ऊँचा कर रहे हैं और फिर से समूचे विश्व में आतंक का जाल बिछाने के लिए धूरी की तलाश में हैं | अफ़ग़ानिस्तान की ज़मीन इस मामले में काफ़ी असर देनेवाला साबित हो सकता है | इसका कारण हम पहले ही चर्चा कर चुके हैं | आतंक की भूमि पर ही हिंसा का पौधा पनपता है ; पक्ष और प्रतिपक्ष तो बदलते ही रहते हैं |

सवाल यह भी पैदा हो रहा है कि इतने बड़े आतंकी संगठन को पैसा कहाँ से आ रहा है ? क्या सिर्फ़ बाहरी सहायता सामग्री से उनकी माँगें पूरी हो जाती होगी या फिर उन्होंने आंचलिक स्तर पर भी जड़ें जमा लिए होंगे! इसका सीधा समाधान बताते हुए कई शोध कर्ताओं ने यह तत्थ्य निकाला है कि जिहादियों के आमदनी का एक बड़ा हिस्सा कर वसूली के रूप में आता है । उन्हें स्थानीय तौर पर अफ़ीम उत्पादक किसानों से और अन्य व्यापारियों से पैसे मिलते हैं । हेरोइन बनाने वाली प्रयोगशालाओं से भी वह संगठन कर वसूलता है । इन सबसे तालिबान को हर साल करीब तीन हज़ार करोड़ रुपए के बीच की आय होने का अंदाज़ा लगाया जाता है ; आँकड़े समय समय पर कम ज़्यादा होते रहते होंगे ।

२०१८ में अमेरिकी कमांडर जनरल जॉन निकोलसन ने एक रिपोर्ट में कहा था कि तालिबान को उसकी आय का ६० फ़ीसदी हिस्सा अवैध नशीले पदार्थ के धंधे से आता है । आँकड़े जो भी हों इतना तो तय है कि जिस देश के सिर पर किसी आतंकी संगठन का साया हो उसमें गुजर बसर करने वालों का जीवन तो सर्वशक्तिमान ईश्वर के भरोसे ही चलता होगा ।

समाधान सूत्र

आतंकी संगठन को चुन चुनकर मारे जाने का सिलसिला कभी ख़त्म न होनेवाला प्रकरण है | पहला प्रश्न यही निर्माण होता है कि अगर वहाँ कोई व्यवस्था कायम न हो पाती है तो वहाँ रहनेवाले संप्रदाय के एक हिस्से को लोक-तंत्रात्मक तरीके से तैयार कर लेना ही समीचीन होगा | थोड़े देर के लिए अगर यह मान भी लें कि अफ़ग़ानिस्तान के हर घर में आतंकी सगठनों की जड़ें पसर चुकी है तो हमें पूर्ण विराम की ओर जाते हुए उनसे राजनैतिक रिश्ते ख़त्म कर देने पर विचार करना होगा | आधुनिक विश्व परिमंडल में सिर्फ़ बंदूक के बल पर सरकारें नहीं चल सकती | अगर अफ़ग़ानिस्तान में ज़्यादा हालात बिगड़े तो उन्हें भी आर्थिक प्रतिबंधों का शिकार होना होगा | उसपर हिंसक विधाओं पर विश्वास रखनेवाले लोगों को भी गंभीर परिणाम भुगतने के लिए तयार रहना होगा |

शाश्वत मार्ग

अमेरिका भले ही वहाँ से अपने आप को समेट ले और अन्य कोई देश ख़ुद को वहाँ उलझन में डाले; प्रक्रिया जहाँ से शुरू हुई थी वहीं पर आकर ख़त्म हो गई है | सवाल यह पैदा हो रहा है

अब शुरू करें भी तो कहाँ से, लोगों को विश्वास में लेने की कोई सकारात्मक प्रक्रिया क्या हो सकती। एक उपाय यह भी हो सकेगा कि स्थानीय उद्यमियों को वहाँ के संसाधन और उद्योग प्रक्रिया से जोड़े जाएँ। जिस प्रकार के उद्योग धंधों में लोगों को रूचि है और जन मानस का रुझान है, उसी उद्योग धंधों से रास्ते निकालने का प्रयास करना उचित होगा। संस्कृति को थोपे जाने से समाधान सूत्र मिलने के बदले उलझनें बढ़ने की संभावना ज़्यादा है। हमें भी इस्लाम के कुछ विषयों पर आस्था और विश्वास रखते हुए उस धर्म-मत से वास्ता रखनेवालों के लिए कौमी एकता लाने के लिए प्रयास करते हुए विकास मुखी समाज निर्माण हेतु उन्हें प्रोत्साहित करना होगा।

किसी आतंकी संगठन को ख़त्म करने के लिए अन्य किसी आतंकी संगठन को खड़ा करना और उस संगठन का पोषण करना - यह होई विज्ञान मनस्क आधुनिक प्रबंधन का हिस्सा नहीं हो सकता। इस स्पर्धात्मक जंग को विराम देते हुए राष्ट्र संघ को रचनात्मक निर्णय लेते हुए अफ़ग़ानिस्तान के सिर के उपर से हिंसा और प्रपंच का साया हटाना होगा।

भारत की भूमिका

एक कमजोर देश दूसरे किसी कमजोर देश की पीड़ा को समझ सकता है, समाधान सूत्र भी तलाश कर सकता है और उन समाधान सूत्र पर अमल भी कर सकता है पर जंग के मैदान में नहीं उतर सकता है | भारत और अफ़ग़ानिस्तान के विषय में भी यह सच है; अफ़ग़ानिस्तान को भी पता है कि भारत की कमजोर नसों को समय समय पर दबाते रहना चाहिए; मुद्दा कश्मीर से जुड़े वैश्विक समस्या के बारे में है | भारत से दीर्घ सूत्री सहायता पाने की उम्मीद भी है, अतः मैत्री के रास्ते ही तलाशे जाएँ, न कि दुश्मनी के | अन्य देश भी भारत के रुख़ का इंतजार कर रहे हैं और यह भी मान रहे हैं कि समझदारी के साथ कदम बढ़ानेवालों के साथ ही कदम ताल में मेलबंधन करते रहना होगा; न कि जंगबाज किसी मुल्क के साथ | नागरिकों का निकाला जाना सिर्फ़ एक अंतर्वर्ती समय के मुताबिक वक्त की नज़ाकत को दिखते हुए उठाया गया कदम है |

आगे क्या ?

परिस्थितियाँ जो भी हो, जंग की आग सन १९४५ से ही निरंतर सुलगती रही है | कोई भी विकसित देश जागतिक मानवीय मूल्य के आधार पर अपने ज़िम्मेदारियों से इनकार नहीं कर सकता | उनकी भूमिका को दो स्पष्ट ध्रुवों में केन्द्रीभूत होते हुए देखा जा रहा है | इसबार केंद्रीय भूमिका में

राशिया और अमेरिका को न देखते हुए हम चीन का स्थानांतरण राशिया से कर सकेंगे | भले ही परिस्थिति स्पष्ट न होते हों पर भीतर ही भीतर उनके पनपने का और विश्व परिमंडल को प्रभावित करने का समीकरण कागज़ी योजना से निकलकर विश्व परिमंडल में सन्दर्भित होने लग गया है | सत्ता और क्षमता के विश्व समीकरण में आतंकी संगठन सिर्फ़ मोहरे का काम करेंगे | उन्हें कुछ ख़ास हासिल हो जाएगा ऐसी मान्यता रखने का कोई औचित्य शायद ही सन्दर्भित हो पाए | सबको अपने नागरिकों के लिए आमदनी के श्रोत तलाशने और उन्हें खुशहाल रखने का का सवाल है | इस उद्देश्य की पूर्ति के लिए ही संस्थाएँ और संगठन आपस में लड़ रहीं हैं | इन सबको साम्य और भाईचारे के रास्ते से मीलों दूर टहलते हुए देखे जा सकेंगे | भारत भी कुछ हद तह द्विविधा की स्थिति में है, और उसे अपनी कमजोर नसों को बचाते हुए आगे बढ़ना होगा |

सत्संग

विषय प्रवेश

अपने देश में आदि काल से संतों का उदय होता आ रहा है |
यहाँ तक कि गृहस्थ जीवन में से धर्माचरण के अभ्यासी
अंततः सन्यास लेकर अपने जीवन को धन्य कर चुके | दिव्य
जीवन के पावन पथ पर चल पड़ने वालों में श्री माधवदास जी
का भी नाम आता है |

उनके जीवन से संबंधित कई घटना और चमत्कार लोगों को
श्री जगन्नाथ की महिमा के बारे में सोचने के लिए मजबूर कर
देता है | विद्या के धनी श्री माधवदास कभी खुद को विद्वान
नहीं मानते थे ; सरलता और सादगी का जीवन जीते थे | जब
उन्होंने घर घर जाकर भीख माँगने का काम शुरू किया तो
लोग काफ़ी अपशब्द भी बोलते थे | एकबार एक गृहणी ने तो
घर में पोछा लगाने वाला कपड़ा फेंककर उन्हें मारा ; वो
बिल्कुल नाराज़ नहीं हुए | उन्होंने वो कपड़ा उठाकर साफ

किया और मंगल कार्य में लगाना मुनासिब समझा | अपने ईष्ट देवता से भी यही प्रार्थना करने लगे कि उस गृहणी का दुःख दूर हो और जो आकांक्षा लिए उसने ईश्वर का भजन किया वो पूर्ण हो | उस घर से वापस आते समय उन्होंने कहा भी, "तूने मुझे पोता दिया तुझे भी पोता ही मिलेगा |"

कुछ दिनों के बाद उस घर में एक बालक का जन्म हुआ | घर के लोग माधवदासजी के बारे में पूछताछ करने लगे | जिस बुढ़िया ने संतश्री को पोता फेंककर मारा था उसे भी लगने लगा उनसे मिलकर माफी माँग लेनी चाहिए |

ऐसी ही एक और घटना उनके साथ बनारस के एक पंडित के शास्त्रार्थ को लेकर सुनने में आता है | एकबार शास्त्रार्थ करने आए उस पंडित को लगा कि श्री माधवदासजी को शास्त्रार्थ में हराने के बाद उन्हें ज़्यादा प्रतिष्ठा मिलेगी | और माधवदासजी के बारे में लोग यह भी कहते थे कि शास्त्रार्थ किए बिना ही श्री माधवदास हार मान लेते थे | उस पंडित को माधवदासजी के भक्तों ने ही शास्त्रार्थ में हरा दिया, और संतश्री से शास्त्रार्थ करने की नौबत ही नहीं आई |

मान्यता ऐसी भी है की ईष्ट चिंतन में रमे लोगों का भगवान सहाय होते हैं | हज़ारीबाग के पास बसे एक गाँव में जन्मे एक संत के बारे में भी कुछ ऐसी बात से हम अवगत हैं | वो बचपन

से ही अंधत्व का शिकार हो गये; ऊपर से पिता- माता , यहाँ तक कि पालनहार बड़े भैया को भी खो दिए | उनका जीवन सिर्फ़ भाभी की करुणा पर टिका रहा ; कुछ करने की क्षमता भी नहीं रही | गाँव में एकबार भागवत कथा का पंडाल लगा तो अंधे बालक को मानो खजाना ही मिल गया ! वो दिनभर पंडाल में ही बिताने लगा; कथा सुनता और प्रसाद पाता | मायूसी तब छा गई जब कथा का आखरी पड़ाव आया | भक्त्वत्सल बालक ने व्यासपीठ को जाकर कहा , "महाराज, आपका जो भी काम हो मैं कर दिया करूँगा; सफाई कर दिया करूँगा; मुझे अपने साथ रख लें | जहाँ भी कथा चलेगी वहाँ मैं आपके साथ चलूँगा और कथा सुनूँगा |"

भगवत भक्ति से ओतप्रोत इस बालक को उस टोली में जगह तो नहीं मिली, पर अगले पड़ाव का पता ज़रूर मिल गया और व्यासपीठ के महाजन उस बालक को निमंत्रण भी दे दिए |

"भाभी मेरा खाना एक डब्बे में डाल दो, मुझे कथा सुनने जाना है |" .. यह रोज का सिलसिला बन गया | सबेरा होते ही बालक अपने तैयारी में लग जाता और गिने चुने साथियों के साथ भागवत कथा के पंडाल तक पहुँच जाता |

एक दिन सबेरे आसमान बादल से भर आया | उस दिन भाभी ने भी डब्बा तैयार नहीं किया और बालक को कथा में जाने से

भी रोकने लगी | भागवत प्रेम का धनी भला कहाँ मानने वाला था!

वो उसी आँधी तूफान में अकेले ही ईष्ट का गुणगान सुनने निकल पड़ा | अंदाज न लगा पाने की स्थिति में एक कुएँ में जा फिसला | वो कुआँ भी गहरा था | मन ही मन विलाप करने लगा और अपनी लाचारी पर खूब रोया | भगवान भी भला भक्त का विलाप सुनकर कहाँ चुप बैठने वाले थे !

"पांडे जी हाथ बढ़ाइए | आप इस गड्ढे में ! कैसे ! " आवाज़ आई पर टहलूया को दिखे तब न !

"आप ही हाथ थाम कर मुझे निकालें महाराज | कथा ख़तम भी हो गई होगी |"

"जब शुरू हो तो ख़तम भी हो जाता ! शुरू ही कहाँ हुई ! हम जाने के बाद की सबको बुलावा भेजेंगे | "

"आज का मौसम भी तो अलग ही है !"

व्यासपीठ के पास बालक को बिठाकर काला सरदार अन्य लोगों को बुलाने चला | आज भक्त की सेवा में भगवान निकल पड़े ! खाना भी आ ही गया !

आश्चर्य की बात तो यह है कि भाभी को पता ही नहीं चला कि कब कौन आया औट टहलूया का डब्बा ले गया! उसे भोजन कराया, कपड़े बदलवा दिया और इतना ही नहीं कुशलता ऊर्वक घर तक छोड़कर गया |

कहते हैं प्रत्येक आत्मा ही परमात्मा के सान्निध्य का धनी हो सकेगा | उस चैतन्य स्वरूप को महसूस करने भर की तड़प हो तो सर्व शक्तिमान हमें दर्शन दिए बिना रह ही नहीं सकता | उस दिव्य तरंग की अनुभूति लिए हम भी अपने जीवन को देवत्व से पुष्ट बना सकेंगे |

आत्म अभिमान

गुजरात के एक गाँव की घटना है | उन दिनों एक सन्यासी जगह जगह घूम रहे थे और जनता जनार्दन को धार्मिक होने का वचन भी दे रहे थे | इसी क्रम में गुजरात के एक प्रत्यन्त कस्बे में उनका ठहरना हुआ | उन्होंने काफ़ी लोगों से संवाद करते हुए अपने भोजन आदि का इंतज़ाम कराने से चूके | कई श्रीमंत लोगों का आना जाना तो हुआ ; बड़ी बड़ी बातें भी हुई | पर उनमे से किसी को इस बात का भान ही नहीं रहा की संत श्री

के भोजन आदि का इंतज़ाम किसके तरफ है ! पाठशाला का एक कमरा उनके ठहरने के लिए खुला रखा गया |

दिए के प्रकाश में जिसका चेहरा प्रकाशमान हो रहा था वो एक हरिजन किसान था, जो उस महात्मा से कुछ कहने के लिए इंतजार कर रहा था | बड़े बुजुर्गों की भीड़ में सामने आकर कुछ कह पाने से भी कतरा रहा था | ज़्यादा देर होने के बाद संत श्री ही पूछे, "तुम्हें क्या तकलीफ़ है? सब तो चले गये !"

"वही तो सोच रहा हूँ! सब तो चले गये, अब आपके भोजन का क्या होगा? मैं ठहरा हरिजन, उबला हुआ खाना आपको लाकर दे भी नहीं सकता ! पर एक काम तो ज़रूर कर सकता हूँ ; कुछ कच्चा लाकर देता हूँ, आप उबालकर खा लें !"

सहमी हुई धुन में किसान बोलने लगा |

एक बात सोचकर संत श्री काफ़ी देर तक चुप् रहे | उन्हें अब तक इस बात का अभिमान हो चला था कि वो खुद ही सबसे ज़्यादा धार्मिक हैं और बाकी सबका ज्ञान अधूरा है, पर इस किसान की बातें सुनने के बाद अब लग रहा है कि उनसे भी ज़्यादा धार्मिक तो यह किसान है जिसे इस बात की चिंता सता रही है कि उनका संतान क्या खाएगा ! समाज की एक प्रवाद ही है जो उसे ऐसा करने से रोके रखा |

"तुम पकाकर दो तो ज़रूर खा सकूँगा, नहीं तो निर्जला ही रहने दो |" संत भी कभी कभी लोगों को द्विविधा में डाल देते हैं | अब श्रीमंत लोगों की टोली पार करके ग़रीब किसान अपनी कुटिया से खाना लाने के काम में लग गया |

ऐसी खबर छिपाए भी कहाँ छिपे ! लोगों को पता चला तो शर्म के मारे सब पानी पानी हो रहे थे | उस किसान को तो मानो स्वर्ग सुख ही मिल गया !

भक्त वत्सल

कभी कभी हम यह सोचने लग जाते हैं कि हनुमान जी भला कैसे छलाँग लगाकर लंका गये होंगे ! यह भी कभी संभव हो सकता है ! उससे भी ज़्यादा अचरज में डालने वाला विषय है दशानन - याने की दस सिर वाला इंसान ! ऐसा तो हो ही नहीं सकता ! वस्तुतः लंका नरेश की बुद्धि और कुशलता का बखान करते समय ऐसा रूपक सामने आया | महाकाव्य में कवि ऐसे रूपक का इस्तेमाल करते आए हैं | यह तो हमारी मजबूरी है कि हम विषयों को समझना चाहते ही नहीं |

भेद बुद्धि की गुलामी करनेवालों को मौके मिल ही जाते हैं | संतों की वाणी में खोट निकालते निकालते सोने का सिक्का भी मिट्टी जैसा बन जाता है | उमा का शरीर लेकर महादेव इतने इतने जगहों पर कैसे गये होंगे ! वो तो रहने ही दें, विष्णु अपने चक्र के सहारे सती के पार्थिव शरीर को टुकड़ों में कैसे बाँटा होगा ! इस प्रकार की द्विविधा भी हमारे मन में धर्म और विज्ञान के द्वंद के कारण ही उत्पन्न होता है | विष्णु का अधिष्ठान यदि प्रत्येक कणों में है तो कणों के चक्र को ही विष्णु का चक्र मान लेना होगा | इस मान्यता के बाद तो विष्णु के लिए किसी भी पार्थिव शरीर को खंडित कर देना सदैव संभव हो ही सकेगा |

अपने भारतीय दर्शन की यह ख़ासियत ही है कि तर्क की कोई प्रतिष्ठा नहीं मानी जाती; यहाँ विश्वास के स्तंभों पर ही धर्माचरण का टीला बैठता है | जब की परिस्थितियों में घटनाएँ घटित हुई होंगी तब हम सब नहीं थे | जिन संतों ने उस घटना को लिपीबद्ध किया उन्हें भी लोगों को कुछ धर्माचरण का पाठ देना था ; वे अपने विवरणों में शैक्षिक मूल्यों को पिरोते चले गये |

सृष्टि रचना का रहस्य ज़्यादा कुशलता पूर्वक समझाने का काम स्वयं कपिल मुनि ने किया | उनके सांख्य सूत्र में वर्णित पुरुष और प्रकृति तत्व के सम्मेलन से सृष्टि को मूर्त होता हुआ

देख सकेंगे | यह विषय भी काफ़ी सरलता से रखा गया; पुरुष को उर्जा का प्रतीक और प्रकृति को पदार्थ के कणों का प्रतीक मान लेने से सृष्टि रचना का पूरा रहस्य ही हम सरलता और सुगमता के साथ समझ सकेंगे |

कहते हैं गीता का उपदेश भगवान श्री कृष्ण अर्जुन को सुना रहे थे | असल में अर्जुन तो एक बहाना था , सत्संग का लाभ श्री हनुमान जी को देना था जो कपीध्वज के रूप में युद्ध भूमि में विराजमान थे| जो अमोघ वाण से अर्जुन को भी बचाने वाले थे | यह तो श्री कृष्ण को भी पता था कि अर्जुन को कर्ण के अमोघ वाण से बचाने की क्षमता तो स्वयं उनमें भी नहीं है |

असल में बात कुछ ऐसी है कि अर्जुन को अपने श्रेष्ठ धनुर्धर होने का घमंड हो चुका था | वो समुद्र पर पत्थर का पुल बनाने के औचित्य के विषय को लेकर श्री हनुमान जी से उलझ गये | उन्हें यह भी साबित करना था कि पत्थर के पुल से कहीं ज़्यादा कारगर है तीर से बना पुल | शर्त इस बात की लगी कि उस पुल को कारगर साबित करने से अगर अर्जुन चूके तो उन्हें आत्मदाह कर लेना मंजूर होगा | और यदि उनकी जीत हुई तो श्री हनुमानजी अर्जुन के कहे अनुसार काम करेंगे | तीर के बने पुल के ऊपर से हनुमान जी को ही पार होना था | पार होना तो दूर की रही, पैर डालते ही पुल टूट गया |

अर्जुन चिता लगाकर आत्मदाह के निमित्त से बैठ गये , "मुझे अब जीने का कोई हक नहीं है |"

श्री कृष्ण आकर अर्जुन को यह कहकर रोके कि उन दोनों के शर्त लगने के समय कोई तीसरा भी रहना चाहिए, जिसे शर्तों के उचित अनुचित का ज्ञान हो!

फिर से पुल बनाकर उसके ऊपर से दोबारा श्री बजरंगबलि को जाने के लिए कहा गया | इस बार तो हनुमानजी के भार से पुल टूटते टूटते रहा, पर समुद्र का पानी ही लाल हो उठा | बीच में से पुल को सहारा देनेवाले बंशीधारी ही ज़ख्मी हो गये थे |

"मुझे माफ़ कर दें प्रभु, मैंने आपको पहचान लिया !" मारुति की भक्ति और ज्ञान के सम्मेलन का चमत्कार ही था जो कि भगवान को भी परेशानी में डाल रहा था | अपनी हार मानकर मारुति शांत होकर बैठ गये | अंततः यह तय हुआ कि कुरुक्षेत्र के युद्ध में उन्हें पांडवों का पक्ष लेकर रहना होगा | वो न तो हथियार उठाएँगे और न ही युद्ध करेंगे : फिर भला युद्ध में उनके रहने से क्या हासिल होगा ! असल में एक भक्त को भगवान का सान्निध्य प्राप्त होगा और उसी पुण्य के बदौलत अर्जुन का कपीध्वज रण भूमि में सक्रिय रहेगा |

हनुमान जी को दिए वचन अनुसार ही श्री कृष्ण भगवान युद्ध भूमि के बीच में ही सत्संग करने लगे |

अंतिम पाठ

हम सबको यह तो पता है कि अत्यधिक दंभ के कारण लंका नरेश रावण को युद्ध भूमि में ही प्राण त्यागना पड़ा | रुद्र अवतार उनके पास उन्हें ही विनाश से बचाने के निमित्त से आए थे , पर घमंड से ढका भेद बुद्धि ही था जिसके कारण रावण ने उनका भी अपमान किया | अंततः एक ऐसा पड़ाव आया जहाँ पूरी परिस्थिति ही उनके विपरीत हो गई और रण भूमि में राम के प्रकोप का शिकार हो गये |

उस अंतिम पड़ाव पर मर्यादा पुरुषोत्तम श्री राम को लगा कि रावण परम ज्ञानी है और राज्य-नीति का अच्छा जानकार है, अतः लक्ष्मण को उनके पास बैठकर कुछ सीख लेना चाहिए | अंतिम समय आने पर तो शत्रु- मित्र का भेद भी समाप्त हो जाता है | भैया की आज्ञा पाकर लक्ष्मण खुद के स्वाभिमान को दबाकर रावण के पास आ तो गये पर सिर के पास कुछ इस प्रकार जा बैठे जहाँ रावण उसे मुश्किल से देख पाता | जाहिर सी बात है दोनों संवाद किए बिना ही चुपचाप बैठे रहे | अंततः श्री राम खुद आए और एक कुशल विद्यार्थी की भाँति रावण के पैरों के पास जाकर हाथ जोड़कर खड़े हो गये | अब तो रावण के लिए चुप रहना कठिन हो गया | उसने अपने जीवन से मिले सीख बोलकर श्री राम को राज्य-नीति के विषयों से अवगत

कराया | मर्यादा पुरुषोत्तम सुनते रहे , ताकि उनका भाई इस सीख को अपने जीवन में उतार सके और उसके एक समझदारी के क्षेत्र का निर्माण हो |

वो तो लक्ष्मण ही था जो निर्णय कर चुका था कि उसे अपने भैया के पास बैठकर ही हर प्रकार की शिक्षा लेनी है | श्री राम से मिले सीख को लक्ष्मण अपने जीवन में उतारने का प्रयत्न करने लगे | रावण से मिले सीख पर उनका आकर्षण था ही नहीं | भेद बुद्धि का यही उत्तम स्तर मान सकेंगे जहाँ रहकर हम शत्रु से भी कुछ सीखने का प्रयास कर सकें |

चैतन्य स्वरूप

दसवीं -ग्यारहवीं शताब्दी का भारत धर्म संकट से गुजर रहा था | उन दिनों लोगों का मन कई शंकाओं से ओतप्रोत हो चुका था और लोग धर्माचरण से काफ़ी दूर जा रहे थे | ऐसी ही विकटावस्था में एक श्रुतिधर विद्यार्थी का जन्म हुआ जो शास्त्र की बातों को सुनकर याद रखने की क्षमता हासिल कर चुका था ; सिर्फ़ इतना ही नहीं उसे धर्माचरण को अपने जीवन में भी उतारना था ; इस निमित्त से गृहत्यागी होकर श्रीक्षेत्र की ओर चल पड़ा | उसके कठिन व्रत से ताल मिलाकर न चल पाने

की स्थिति में काफ़ी लोग उसे छोड़ कर वापस लौट आए ; अंततः एक ही भक्त टिका रहा |

गाँव के लोग समय समय पर उन संत युगल को भोजन करा देते थे | जब वो दोनों जंगल के रास्ते गुज़र रहे थे उस समय भक्त ने कुछ फल लाकर महाप्रभु को दिया; साथ में नमक भी परोसा गया |

कौतूहल वश महाप्रभु पूछ बैठे , "इस भरे जंगल में तुम्हें नमक कहाँ से मिला ?"

"असल में प्रभु, कल दोपहर को एक भक्त के यहाँ भोजन करते समय थोड़ा नमक हटाकर मैंने पलाश के पत्ते में मोड़कर रख लिया था |"

"संग्रह !" महाप्रभु खाना छोड़कर उठ खड़े हुए और कहीं उनका व्रत न भंग हो जाए इस निमित्त से काफ़ी तेज़ी से चलने लगे ; अपने भक्त को पीछे छोड़कर काफ़ी दूर निकल गये | अपरिग्रह व्रत के अनुपालन में सूक्ष्मता का स्तर इतना प्रबल था कि अंततः ध्येय मार्ग पर उन्हे अकेले ही चलना पड़ा |

आधुनिकता

अक्सर हम इस बात पर ज़ोर देने लग जाते हैं कि समूचा विश्व आधुनिक हो रहा है, अतः हमें भी दुनिया के साथ ताल

मिलकार चलना होगा | हमने ऐसी कोई आधुनिकता के बारे में नहीं सुना जिसके अंतर्गत दिन -रात के फ़ासले में , या फिर पृथ्वी के घूमने में कोई परिवर्तन आया हो | आधुनिकता अगर आया भी है तो वो सिर्फ़ कुछ वस्तु के निर्माण और खपत को लेकर ज़्यादा दिमाग़ लगाया गया और सुविधाओं की मात्रा बढ़ी; निसर्ग पर बोझ भी बढ़ा |

निसर्ग का अपना ही एक नियंत्रण तंत्र है| उसके अंतर्गत किसी भी परिवर्तन के आधार पर संतुलन लाने लायक कुछ और परिवर्तन को अंजाम दिया जाता है | प्रगति अगर लोगों को प्रकृति से अलग कर देता हो तो वैसी प्रगति ज़्यादे दिन शायद ही टिके | संसार को कई बार हमने विनाश लीला झेलते हुए भी देखा है | ऐसी प्रगति जो किसी अन्य समुदाय और निसर्ग को परेशानी में डालता हो, हमारा कांक्षित नहीं हो सकता | किसी भी धर्म को उन्नत और विज्ञान मनस्क बताने के लिए अन्य किसी मत या पंत में से दिशा निकालना किसी मूर्खता से कम नहीं | ऐसी मूर्खता करने वालों को भी हम अलगाववादी ताकतों के बगल में ही खड़ा कर देना पसन्द करेंगे | उन्हें न तो देश की चिंता रहती है और न ही किसी देश में बसने वाले नागरिकों की | प्रगति की राह तभी प्रशस्त हो सकेगी जब हम एक दूसरे के साथ कुशलता पूर्वक रहना सीख जाएँ | जब हमें

यह भी लगने लगे कि प्रगती को आख़िर सर्व समावेशक ही होना होगा |

भाईचारे से अलग हटकर प्रगति करने का मंत्र किसी भी धर्ममत में नहीं सिखाया जाता | अगर हमें युगों के अनुकूल किसी मत और पंथ को साथ लिए चलना है तो उसे सर्व समावेशक होने के साथ साथ विज्ञान मनस्क भी होना होगा | जिस मत पर लोगों का विश्वास टिक सके उस मत को ही युगों के अनुकूल मान सकेंगे | मानव विवर्तन के साथ साथ सबके विचार संप्रेषण और उसके अनुपालन में भी काफ़ी परिवर्तन आ रहा है | उस परिवर्तन की धारा में शाश्वत मूल्यों का संवर्धन और संकर्षन हो सके यह भी देखना होगा | यह भी हमें मान्य करना होगा कि आधुनिकता धर्म का विरोधी नहीं हो सकता और न धर्म ही आधुनिकता का विरोधी बनकर रह सकेगा | समय की माँग के साथ साथ मान्यताओं और परंपराओं में आने वाले परिवर्तन का भी हमें स्वागत करना है | शिक्षा का एक स्तर मानव मात्र की प्रगति की बात करते हुए पाएँगे | अगर मानव मात्र के अधिकार और स्वार्थ का रक्षण सुनिश्चित करना हो तो किसी एक धर्म मत से किसी राष्ट्र का चरित्र नहीं बन सकता और न ही किसी राष्ट्र के नागरिकों को किसी ख़ास धर्म मत पर विश्वास बनाने के लिए हम मजबूर कर सकेंगे |

अनेकांत विचार के धनी संत महात्मा भी इस आशय की पुष्टि कर देते हैं और समग्र जगत को कृष्णमय देखने के लिए हमें सीख भी देते हैं | दिखावे के क्रम से दूर हटकर हमें भी जीव सेवा में शिव सेवा का मंत्र लिए चलना होगा | मानव सभ्यता का अगला पड़ाव मेल मिलाप से ही चलने वाला और संवर्धित होने वाला है | युग के इस शंखनाद को समझने के बाद हमें भी अपनी भूमिका स्पष्ट करते हुए अग्रज की भूमिका बनाकर सर्व समावेशक प्रगति के मार्ग पर चलना होगा | जैसे हम हवा और पानी का वर्गीकरण नहीं कर सकते, ठीक उसी प्रकार मानव से मानव का भी वर्गीकरण आने वाले दिनों में कर पाना कठिन और कुछ असंभव सा होने जा रहा है | इस स्पष्टता से अगर हमारा धर्माचरण और विचार संप्रेषण चलता है तो हम उसे ज़रूर एक विज्ञान सम्मत पहल मान सकेंगे |

हिंसा की जड़

[जेरुजालेम में भड़की हिंसा और उससे पनपे जंग के हालात पर एक मंथन]

वस्तुस्थिति

आज हम जब बात कर रहे हैं तब शायद किसी यहूदी , ईसाई या फिर हज़रत के सिर पर से किसी प्रियजन का साया चीन गया होगा, ऐसा भी हो सकता है कि गाजा पट्टी में रहनेवाले किसी मासूम परिवार का सबकुछ तबाह हो गया होगा |

हमास और इजरायल के बीच होनेवाले संघर्ष का इतिहास काफ़ी पुराना है; इसमें यहूदियों और ईसाइयों के धार्मिक विश्वास और आस्था भी जुड़े हुए हैं | ऐसी मान्यता है कि जिस ज़मीन पर अल अक़्सा मस्जिद है उसे इस्लाम धर्म में मक्का और मदीना के बाद तीसरे पवित्र स्थान के रूप में माना जाता है

| वहीं यहूदी धर्म मत पर विश्वास रखनेवाले लोग यहाँ अपने मंदिर के होने का दावा करते हैं |

ऐतिहासिक तथ्यों के अनुसार यहूदियों ने ९५७ ईसा पूर्व में यरुजलम में अपना पहला मंदिर बनवाया ; उस समय ईसाई और इस्लाम का कोई अस्तित्व ही नहीं था | ३५२ ईसा पूर्व में दूसरी मंदिर बनाया गया | ५६१ ईस्वी में ईसाइयों ने जेरुजलम में ही अपना मस्जिद बनवाया | ६९१ ईस्वी में मुस्लिमों ने यहूदियों के पहले मंदिर पर ही एक गुंबद का निर्माण करवाया जिसे डोम ऑफ थे रॉक्स के नाम से जाना जाता है |

७०२ ईस्वी में मुस्लिमों ने यहूदियों के दूसरे मंदिर को ध्वस्त करके उसी जगह पर अल अक़सा मस्जिद का निर्माण करवाया | मंदिर के पश्चिम की दीवार बच गई, उसी दीवार को तब से लगातार आज तक यहूदी लोग पूजते हैं| उसी दीवार और उस स्थान से उनके श्रद्धा, विश्वास और आस्था का जुड़ाव का सन्दर्भ मिलता है |

इस्लाम के कई पैग्बर (दाऊद), सुलेमान (सोलोमन), और ईसा (ईसा) के शहर के रूप में यह स्थल इस्लाम मान्यता में पवित्र माना जाता है, वहीं दूसरी ओर ईसाई संप्रदाय के लोग और यहूदी लोग इस भूमि को पवित्र मानते हैं |

सन २००७ में एक ऐसे स्थान पर खुदाई का कम किया जाने लगा जहाँ अधिकारी लोग एक पैदल पुल का निर्माण करना चाहते थे |[1] इस बात से इस्लामी समुदाय में असंतोष पैदा हो गया और वे इजरायल के खिलाफ हमास संगठन के नेतृत्व में एकजुट होने का फरमान देने लगे; आरूप यह लगाय गया कि इजरायल के लोग मस्जिद की नींव को क्षति पहुँचाने का प्रयास कर रहे थे |[2]

इस्लामिक मान्यता के मुताबिक अल इसरा वल मेराज वह रात है जब अल्लाह की तरफ से एक खास सवारी बुर्राक़ भेजकर मुहम्मद को मक्का से यरूशलम लाया गया था। कहा जाता है कि अल अक़्सा मस्जिद में नमाज़ पढ़ने के बाद से उनके अध्यात्मिक सफ़र का प्रारंभ हुआ |[3]

जेरुजालेम को कई बार तबाह किया जा चुका है और सैकड़ों बार कब्जा किया गया है |[4] जाहिर सी बात है कि जिन्होंने भी कब्जा किए होंगे वो अपनी छाप छोड़ गये |

मौजूदा हिंसा की वजह भी वही अल अकसा मस्जिद को कहा गया | रमजान के मौके पर कुछ फिलिस्तीनी जमा हो गये और हिंसक प्रदर्शन करने लगे | उन्हें हटाने के लिए गोलियाँ चली, कुछ लोग घायल भी हुए | गंभीर हालत में रहने के कारण कई लोगों को जान से हाथ धोना पड़ा | सही आँकड़े नहीं

आ पाने का कारण यह भी है कि बाद की स्थिति में कुछ लोगों ने दम तोड़ दिया |

आतंक का बुलबुला

बात तब और ज़्यादा बिगड़ गई जब इस झमेले में गाजा स्थित आतंकी संगठन हमास ने बदले की कार्यवाही करते हुए इसरायली ठिकानों पर अंधाधुंध बम बरसाने लगे |

गाजा में जारी हिंसा के बीच इजरायली सेना ने हमास को अपने जाल में फंसाकर उसके ही घर में निशाना बनाया है। सेना की ओर से पहले जानकारी दी गई कि गाजा में जमीन पर हमला किया जाएगा ताकि हमास अपने लड़ाकों को अंडरग्राउंड टनल में भेज दे। यहां उन सभी पर एक साथ हमला करके भारी नुकसान का जाल बिछाया गया था। इससे हमास को नुकसान कितना हुआ, यह अभी साफ नहीं है लेकिन बड़ी संख्या में उसके लड़ाकों के अंदर दब जाने की खबरें आई हैं। इजरायल नैशनल न्यूज के मुताबिक IDF ने टनल लड़ाकों के ऊपर ही ढहा दिया जिससे बड़ी संख्या में हमास सदस्यों के दबे होने की संभावना है।

पहला टनल 2007 में गाजा पट्टी और मिस्र के बीच बना था और इसका इस्तेमाल तस्करी के लिए किया जाता था। इससे पहले भी इस तरह के ढांचों से काम लिया जाता था। बाद में इन्हें इजरायल के खिलाफ इस्तेमाल किया जाने लगा। यहां हमास रॉकेट और दूसरे हथियार रखता है, संचार स्थापित करता है, लड़ाकों को छिपाता और हमले भी करता है। इजरायल इन्हें खत्म करने की कोशिश लंबे वक्त से करता रहा लेकिन कामयाबी नहीं मिली।

हिंसा की आग में वेस्ट बैंक का हिस्सा भी झुलसने लगा; वहाँ फिलिस्तीनी और इसरायली सेना के बीच झड़प की खबरें आने लगी | इसरायल के नेतागण भी हमास को जड़ से मिटाने का मन बना लिए | इस बात से यह तो बखूबी अंदाज़ा लगाया जा सकता है कि संघर्ष को और हवा लगने वाली है |

समस्यायों में कई बार उफान आया और फिर दब सा गया | अमेरिका के प्रयत्न से पिछले सालों शांति बहाल की गई पर उसे एकतरफ़ा कहकर हमास ने खुद को दर किनार कर लिया |

विश्व समुदाय की भूमिका

विश्व समुदाय की धूरी दो जगहों पर टीके रहने के कारण अमेरिका और रूस के रूखों पर काफ़ी कुछ निर्भर करता है | अंतरराष्ट्रीय समुदाय यह भी बखूबी देख रही है कि इजरायल के लोग अपनी समस्या सुलझाने में काफ़ी हद तक सक्षम हैं | हमास एक आतंकी संगठन होने के कारण उनकी भी सुनवाई उस तरीके से नहीं हो रही है | हमास के ज़रिए तुर्की और पाकिस्तान जैसे अवसरवादी देशों को भले ही मौके मिल जाएँ , पर जंग को ज़्यादे दिन तक चला पाएँ की हैसियत न तो हमास में है और न ही इसरायल में | इतना तो इसरायल का हक ज़रूर बनता है की अपने देश में अमन , चैन और शांति का वातावरण कायम कर सके और ऐसी स्थिति कायम करने के लिए आतंकी संगठन से लड़ सके | समझदारी रखनेवाले देश और समूह इसरायल के मामलों में ज़्यादा दखलदारी करना भी शायद ही पसद करें | समस्या उस वक्त और भी जटिल हो जाती है जब हमें लगने लगता है कि किसी ख़ास समुदाय से आतंकी संगठन का सघन मेल मिलाप हो गया हो | समुदाय से उस आतंक के बुलबुले को अलग कर पाना चुनौती भरा हो सकता है |

इस बात से भी इनकार नहीं किया जा सकता है कि विश्व समाज सिर्फ़ मूक दर्शक बना रहे और जो हो रहा है उसे होने दे | हिंसा भड़कने के कारणों का समयोचित विश्लेषण होते हुए

उस परिस्थिति से डटकर मुकाबला करने के लिए मन बनाकर आयेज बढ़ना होगा | अगर किसी संगठन को लगता है कि उनकी सुनवाई नहीं हो रही है तो उस पक्ष को भी विश्वास में ज़रूर लेना होगा | अपनी ही ज़मीन पर रहते हुए अपने ही अधिकारों के लिए लड़ें और किसी बाहरी तत्व से न्याय की माँग करें उसमें भी सार्विक समाधान शायद ही मिले | जिस प्रकार से हमास ने हमले की योजना बना डाली और उसे अंजाम तक लाने के लिए अपनी ताक़त लगा दी उसका औचित्य गिनाने के लिए उस संगठन के पास शायद ही कोई शब्द बचे हों | जिन देशों को इस संघर्ष में से अपनी बात निकालने का अवसर दिखता है उन्हें भी इसरायल की आक्रामकता का अंदाज़ा हो ही गया होगा | उन्हें भी अपने नागरिकों की सुरक्षा सुनिश्चित करने के लिए कुछ ठोस कदम उठाने ही होंगे |

इसरायल जब भी हमला कर रहा है उसके पहले निशाने पर आए जगहों को खाली करने की सूचना दी जेया रही है ; लोगों को जगह खाली करने के लिए पर्याप्त समय भी दिया जा रहा है | उन्हें इस बात का संदेह भी है कि चिन्हित ठिकाने हमास के द्वारा इस्तेमाल किया जा रहा है | आतंकी संगठन को ख़त्म करने की योजना आज कोई नया नहीं है, इस विषय में अमेरिका और उसके साथी देशों का प्रयास भी समय समय पर

सन्दर्भित होता आ रहा है | इसरायल में बसने वेल अरब समुदाय के लोग भी हिंसक प्रदर्शन में कूद पड़े |

इन सभी बातों से इतना तो स्पष्ट ही हो चुका है कि किसी हिंसा को ख़त्म करने के लिए उससे बड़ी कोई हिंसा को पनपने देने की पीछे कोई दीर्घ सूत्री समाधान नहीं है | इस हिंसा को बढ़ावा देने वाले देशों और समूहों हो इतना तो तय करके चलना होगा कि हथियार जमा करके आक्रामकता दिखा पाने का प्रयास करने से ज़्यादा बेहतर हो अगर किसी शांतिपूर्ण पहल की ओर कदम बढ़ाए जाएँ |

किसको किसका साथ!

१४ मई १९४८ के आज़ादी के शंखनाद से आज तक यहूदियों को अपने दुश्मनों से मुक्ति नहीं मिल पाई है | उन्हें हर वक्त दुश्मनों की ओर से किसी बड़े हमले होने का डर सताता है | इस दर के कारण ही उन्होंने कुछ ऐसे तंत्र को विकसित करना मुनासिब समझा जिससे उनके सुरक्षा प्रणाली को बल मिले | इस बात से कदापि इनकार नहीं किया जा सकता कि किसी भी धर्म ग्रंथ में धोखा , फरेब और हिंसक कारनामों को शायद ही मान्यता मिली हो | सभी धर्म गुरु हिंसा के विपरीत प्रेम संबंध

को बढ़ावा देने की बात कहा करते हैं | इसी प्रेम संबंध को आसरा मानकर सभी समुदाय एक दूसरे से घुल मिलकर रहते हैं |

संघर्ष की स्थिति में राष्ट्रों के बीच दोस्ती का समीकरण भी बदलते रहता है | कभी आपसी दुश्मनी से ग्रसित सौदी अरब और इसरायल अभी दोस्त बन गये | सौदी अरब की ज़मीन पर अमेरिकी सेना का जमावड़ा बढ़ने लगा ताकि किसी बड़ी अनहोनी को टाला जा सके | हमें इस बात का भी अंदाज़ा होने लग गया है कि परिस्थितियों को समझते हुए अमेरिका और रूस अपनी अपनी भूमिकाएँ स्पष्ट कर सकेंगे और संयुक्त राष्ट्र को नाकाम होने से बचा सकेंगे | कभी अमेरिका से करीबी का आनंद उठाने वेल तुर्कों को अब दादागिरी आज़माने का एक मौका मिल रहा है | एक यह भी विषय सन्दर्भीत हो रहा है कि इसरायल को सबक सीखा पाने के क्रम में हथियार और आतंकी कारनामों पर तुर्कों को एक मजबूत पकड़ मिल सकेगा | इसके विपरीत परिस्थिति में उनका निशान भी मिट सकता है |

भारतीय शस्त्र में एक प्रचलित कहावत है , "सर्वम अत्यंत गर्हितम", अर्थात किसी भी चीज़ में अधिकता हानिकारक है | किसी धर्म को अगर एक दीवार तक ही सीमित कर दिया जाए तो भी उस धर्म की गरिमा के लिए मंगलकारक नहीं है | किसी

और धार्मिक आस्था से जुड़े इमारत को गिराकर उसपर एक नया उपासना स्थल बनाने को भी प्रमुख धर्मों ने मानी नहीं किया | अगर कोई एक स्थल कई मान्यताओं और आस्था से जुड़े हों तो उसपर अधिकाधिक लोगों का प्रेम संबंध जुड़ा रहेगा और वहाँ वे लोग बार बार जाना पसंद करेंगे | ऐसी परिस्थिति में अल अक़्सा और संलग्न परिसर को विश्व समुदाय के लिए खोल दिए जाने चाहिए | यह एक विश्व समुदाय के लिए समझदारी के साथ उठाए गये वालिष्ठ कदम का हिस्सा होगा | उस समग्र परिसर को एक संग्रहालय का रूप दे दिया जाय और सबके लिए खोल दिए जाएँ |

इस बात से भी हम इनकार नहीं कर सकते कि हज़ारों मील का सूडंग बनाकर किसी देश का वजूद मिटाने के लिए हथियार जमा करते रहें और मार मिटने के लिए कूद पड़ने के कारनामे मूर्खता पूर्ण ही होंगे | आने वाले समय में ऐसे अलगाववादी ताकतों का मिटना तय है |

बाधक तत्व

विश्व समुदाय के लिए जेरुजालेम का खोला जाना , यह कह पाना बहुत सरल है पर कर पाना उतना ही संकटापन्न | इसरायल को कई समस्याओं से जूझना होगा:

१. पहली समस्या उन अलगाव वादी ताकतों से लड़ने के रूप में आ सकता है; जिसे हम आज भी प्रत्यक्ष कर रहे हैं तथा जिस क्रम में हमास संगठन के दबंग खुद को एक राष्ट्र के आंतरिक मामलों में झोंक रहे हैं |

२. कुछ अवसरवादी देश इस संघर्ष में दिमाद लगा सकते हैं; जिनकी जहाँ तक हैसियत होगी उन्हें वहीं तक छलाँग लगाते हुए देखा जेया सकता है | इस धरती पर ऐसे भी देश हो सकते हैं जिन्हें अपनी ग़रीबी और अपनी समस्याएँ नहीं दिखें , पर उन्हें धर्म रखा की लड़ाई में कूद जाने और मार मिटने में आनंद आता हो |

३. सभी राष्ट्रों को ध्रुवों में बाँट देने के बाद आतंकी संगठनों को मौके मिल जाते हैं; किसी एक के खिलाफ आवाज़ बुलंद कर पाने की स्थिति में किसी दूसरे देश का साथ मिल सकेगा |

४. एक सम्मिलित पहल का हिस्सा यह भी हो सकता है की हम सभी रचनाधर्मी देशों को एकजुट करने के साथ साथ एक साझी रणनीति का निर्माण करें और संघर्षरत समूहों को उसे मान लेने के लिए प्रेरित करें | इस क्रम में अगर बाधक तत्वों

की पहचान होती हो तो उन तत्वों के साथ बातचीत करें; विफलता की स्थिति में अंतिम मार्ग तो खुला रहने ही वाला है |

५. हमें इस बात के लिए भी प्रस्तुत रहना होगा जिससे जंगबाज समूहों को शांति प्रक्रिया लागू करने के क्रम से दूर रखा जा सके | हम आज इस परिस्थिति में नहीं हैं कि किसी एक जंग का पूरा खर्च किसी एक समुदाय पर थोप सकें | हथियार की होड़ में लगे रहने से कही बेहतर होगा यदि हम समुदाय को समृद्ध बनाने के लिए कृतसंकल्प हों |

६. कुछ लोग समस्याओं को जिंदा रखना चाहते होंगे ; उनके दो ही उद्देश्य रहते होंगे, इसके ज़रिए या तो एक विस्तृत संप्रदाय को विश्वास में लेने का प्रयास होता हो, या फिर इस प्रक्रिया से वे कुछ निहित स्वार्थ को भुनाते होंगे | इन दोनों परिस्थिति में ही हमें सजग रहते हुए किसी राष्ट्र की गरिमा और संप्रभुता को बचाए रखना होगा | अलगाववादी ताकतों का डटकर मुकाबला करते हुए हमें शांति और स्थिरता को दीर्घ समय के लिए बनाए रखना होगा |

७. अक्सर देखा जाता है वंचित संप्रदाय के लोग ही अलगाववादी ताकतों का सहारा लेने लग जाते हैं, उन्हें ऐसा करने से रोकने का एक ही उपाय है : उन लोगों को विश्वास में लेते हुए समाज की मूल धारा में समाविष्ट कर लेना होगा |

८ किसी ख़ास संप्रदाय को कुचलने में जितना शान है उससे कहीं ज़्यादा शान उस संप्रदाय को विकास की धारा में समाविष्ट कर लेने में है |

९. सर्वोपरि सहनशीलता का एक उत्तम विज्ञान भी है जिसके ज़रिए हम प्रतिपक्ष को सुधार जाने के लिए मौके देते हैं | जाहिर सी बात है इसरायल काफ़ी पहले से ही ऐसा करता आया है और आने वाले दिनों में भी हम उससे ऐसी ही उम्मीदें रख सकते हैं | संप्रभुता बचाए रखने के लिए इसरायल सहनशीलता का विज्ञान से सीख लेते हुए ही आयेज बढ़ने का प्रयास करेगा |

जो ना सहे उसका नाश है!

महर्षि वाल्मीकि विरचित रामायण में भी हम उसी सहनशीलता के विज्ञान को आधार मानकर मर्यादा पुरुषोत्तम श्री राम के रण कौशल का परिचय पाते हैं; उन्होंने किसी संहार लीला को अंजाम देने के पहले प्रतिपक्ष को मौके देना मुनासिब समझा | मौके देने के क्रम में ही उन्होंने शांति वार्ता लेकर पहले श्री हनुमान को और विफलता आने पर दोबारा श्री अंगद को भेजा | युद्ध के दुष्परिणाम को देखते हुए उन्होंने इसे टालने का प्रयास किया | उन्हें पता था कि एक अपराधी को मारने के क्रम में कई निरपराध लोगों को भी प्राणों से हाथ

धोना पड़ेगा | पर अहंकार ने रावण की बुद्धि को ढके रखा और सभी दुष्परिणामों को जानते हुए भी रावण युद्ध में कूद पड़ा |

मुख्य बिंदु:

यहूदी, ईसाई और इस्लाम इन तीनों धर्म के मूल में अब्राहम ही हैं, इसीलिए इन तीनों धर्म मत को एकसाथ इब्राहिमी धर्म मत कहते हैं |

पहली बार १९६७ की सीमारेखा को स्वीकार करके हमास ने इसरायल को मान्यता दे दिया था तथा यह भी जाहिर किया था की उसका वास्तविक संघर्ष उन जियोनिस्ट लोगों से है जो फिलिस्तीनी के क्षेत्रों को हथियाना चाहता है | हमास के घोषणापत्र में यह भी कहा गया था कि वो किसी भी देश मे अंद्रूणी मामलों में दखल नहीं देगा | जबकि इसरायल हमास के इन घोषणापत्रों को बेबुनियाद बताता आया है |[5]

जेरुजालेम के केंद्र में एक प्राचीन शहर है जिसे ओल्ड सिटी भी कहते हैं; इस शहर के चार इलाक़े - ईसाई, इस्लामी, यहूदी और अर्मेनियाई- को परिभाषित करती हैं | इसके चारों ओर एक सुरक्षा दीवार है जिसके आस पास दुनिया के पवित्र स्थानों को देखा जा सकता है |[6]

ग़ज़ा में अभी लंबी अवधि तक जंग जारी रहने वाला है, जबतककी रसद की आपूर्ति बाहर से बंद किए जाते हों | इसमें इस्लामिक मौलवादियों का कूद पड़ने का भी अनुमान लगाया जा सकता है |

हमास के आतंकी भले ही इसरायल को कुछ ख़ास नुकसान न पहुँचा पाते हों पर परेशानी पैदा करने की ताक़त जुटा लिए हैं | जबतक उनकी ताक़त बनी रहेगी तबतक अलगाववादी ताकतों को आग में घी डालने का मौका मिलता ही रहेगा | ग़ज़ा पट्टी में हथियारों की सप्लाई ईरान से होते रहने का भी सबूत पाया गया है |[7]

१९९३ का समय गाजा भूखंड और जेरुजालेम के लिए काफ़ी अहम माना जाता है | उसी समय फिलिस्तीनी मुक्ति मोर्चा के नेता यासेर अराफ़ात और इसरायल सरकार के बीच एक महत्वपूर्ण समझौते हुए, जिसके ज़रिए इसरायल के गठन को मान्यता दे दिया गया और गाज़ा और वेस्ट बैंक में स्व-शासन के लिए फिलिस्तीनियों की अंतरिम सरकार पर समझौता हो पाया |

फिलिस्तीनी मूल के सभी लोग इस शांति समझौते से खुश नहीं थे, जाहिर सी बात है कि हमास पुनः सक्रिय हो उठा और १९९७ आते आते एक आतंकी संगठन के रूप में खुद को

सन्दर्भीत करने लगा | यही वजह है कि तब से आज तक दो गुटों के बीच खूनी संघर्ष जारी है |

[1] Abdel-Latif, Omayma (8 अगस्त 2001). "'Not impartial, not scientific': As political conflict threatens the survival of monuments in the world's most coveted city, Omayma Abdel-Latif speaks to UNESCO's special envoy to Jerusalem". Al-Ahram Weekly. Al-Ahram. मूल से 5 जून 2011 को पुरालेखित. अभिगमन तिथि 15 जुलाई 2011.

[2] Lis, Jonathan (2 December 2007). "Majadele: Jerusalem mayor knew Mugrabi dig was illegal". Haaretz. Haaretz. मूल से 12 June 2008 को पुरालेखित. अभिगमन तिथि 1 July 2008.

[3] एस. सी. भट्ट, गोपाल क. भार्गवा (2006). लँड आंड पीपल ऑफ इंडियन स्टेट्स आंड यूनियन टेरिटरीस: इन 36 वॉल्यूम्स. देल्ही. ज्ञान पब्लिशिंग हाउस. पपृ॰ 354–. आई॰एस॰बी॰ऍन॰ 978-81-7835-390-6. मूल से 26 अप्रैल 2017 को पुरालेखित. अभिगमन तिथि 25 अप्रैल 2017.

[4] "Do We Divide the Holiest Holy City?". Moment Magazine. Archived from the original on 3 June 2008. Retrieved 5 March 2008. According to Eric H. Cline's tally in Jerusalem Besieged.

[5] https://www.drishtiias.com/hindi/printpdf/new-look-hamas

[6] बी. बी. सी. हिन्दी सेवा : https://www.bbc.com/hindi/international-42248849

[7] श्रोत: अमर उजाला ; गाजा में संघर्ष: इस्राइल के बराबर तो नहीं, लेकिन कम भी नहीं है हमास की ताकत, जानिए कौन हैं मददगार